T0078149

La Vida No-Escogida

Mi Vida Un Testimonio Vivido

CARMEN M. CORREA, Ms. C, Ms. Ed.

WESTBOW
PRESS®
A DIVISION OF THOMAS NELSON
& ZONDERVAN

Puede hacer pedidos de libros de WestBow Press en librerías o poniéndose en contacto con:

WestBow Press
A Division of Thomas Nelson & Zondervan
1663 Liberty Drive
Bloomington, IN 47403
www.westbowpress.com
1 (866) 928-1240

ISBN: 978-1-5127-7075-9 (tapa blanda)

Numero de la Libreria del Congreso: 2016921633

Las personas que aparecen en las imágenes de archivo proporcionadas por Thinkstock son modelos. Este tipo de imágenes se utilizan únicamente con fines ilustrativos. Ciertas imágenes de archivo © Thinkstock.

Información sobre impresión disponible en la última página.

Fecha de revisión de WestBow Press: 1/31/2017

Tabla De Contenido

Dedicación

Yo dedico este libro en amorosa memoria de mi madre, Matilde, que sin saber me enseño como ser una esposa buena, una buena ama de casa y por un poco tiempo, una buena madre. Yo siempre me acordare de ti Mami como la gran mujer que me enseñaste ser. Te amo y te extrañó.

También a mi esposo, Wilbert que falleció una semana antes de su cumpleaños. Él fue quien me inspiro a poner este libro en las manos de ustedes. Yo no creía que mi historia era interesante para compartirla con otros. El me decía que mi historia inspirara el espíritu de Dios en todos que lean este libro. Me haces mucha falta mi amor.

Quiero Reconocer

Sobre Todo, a mi Señor y mi Salvador Jesucristo, quien me dio vida cuando estaba muerta en pecado y por inspirarme a escribir este libro. Quiero darle las gracias por andar con migo atreves de todas mis pruebas, que me cambiaron de hacer las cosas de mi manera, a ser las cosas a la manera que Dios quiere. También le doy las gracias por quitar el dolor de mis experiencias y solo dejo las cicatrices para recordarme de su Poder y amor. Le doy tantas gracias a mi Dios por su misericordia que salvo mi vida tantas veces. Gracias te doy mi Dios por quererme tanto que diste a tu único Hijo a morir por mis pegados.

Quisiera reconocer a mi hermana en Cristo y mi mejor amiga Gwen Gause, ella corrigió mi primer bosquejo. Ella será sorprendida ahora a leerlo. Te amo.

Quisiera decir que le agradezco a mi amiga y profesora, Wanda, que tomó tiempo de su horario muy ocupado para corregir mi bosquejo final.

A mi sobrina Rachel, que pasó tiempo conmigo y mecanografió para mí cuando yo no podía hacerlo. Gocé de esa vez juntas. Gracias y te amo.

La Vida No-Escogida

Cual sería nuestras vidas si pudiéramos escogerla?

La realidad de la vida es que no podemos escoger.

Nuestras vidas han sido predestinadas.

*Cuando sabemos cuál es nuestro destino lo podemos
cumplir con alegría sabiendo que es el plan de Dios.*

(ROM 8:29 – 30) (Eph 1:5, 11)

*Toda escritura viene del versión de la Biblia King James
Si no se dice otra versión*

Delantero De La Autora

Me gusta el dicho, "no sabes para donde voy
Si no sabes a donde yo estado."

Muchos de ustedes dirían que, "todas nuestras vidas son una historia" y eso es verdad. Hay tantas historias en este mundo que nunca habrá suficiente papel para escribirlas todas. Muchas son historias de tristeza y muchas de horror, algunas de tiempos de alegría y otras de milagros como la mía. Mucha gente andan por este mundo con una historia que puede liberar a otros de pobreza, drogas y/o de alcohol. Pero se quedan con ella para sí mismo. La pregunta es, para que es nuestra historia? Es para un *TESTIMONIO.* Yo creo que cada uno de nosotros tenemos un testimonio para compartir para ayudar a otra persona. Testimonios liberan aquellos que están atados y animan aquellos que necesitan ser animados. Esto es mi esperanza en escribir este libro, no solo para decirles la historia de mí y los fuertes tiempos y los gozos de mi vida. Yo quiero decirles como sobre pase para que usted sobre pase con ÉXITO. Estas son las palabras claves, "sobre pasar con éxito." Es como coger un examen donde 99 y ½ no son suficientes. Tienes que obtener un tanteo de 100% para pasar.

Yo oro que no solamente pases con éxito, pero que también entres en un lugar donde sientas paz, poder y alegría, sabiendo que "todas las cosas trabajan juntas para aquellos que aman al Señor (ROM 8:28)." Para poder amar aquellos que te han herido. Para poder pararte firme en la palabra de Dios en medio de las tormentas es la meta para los cristianos. Con este conocimiento podemos andar asía la felicidad y valor para enfrentar el futuro.

Así como te voy dirigiendo de donde yo estado, que encuentres sitios que son similares a sus viajes o lugares que has visto. Puede ser que encuentre un lugar que nunca avías visto antes y ahora es conocido. Puede ser que seas alistarse en un área donde una vez era oscuridad. Puedes aprender mucho de este libro. No 0bstante, hay una cosa que quiero que entiendas y eso es que el diablo tratara de prohibir que usted conozca el poder que Dios te dará cuando te paras firme en su Palabra, y quien es, su Hijo Jesucristo. Yo quiero impresionar un punto, que Dios nos ha ESCOGIDO a todos para ser SALVOS. El no quiere que NADIE FAYESCA. Y nosotros que sabemos estas maravillosas noticias debemos decírselo al mundo.

Introduccion

Este libro fluye en una línea de eventos que te llevan para atrás al vientre de mi madre, donde empieza mi historia. Después se despega en orden de incidentes que por siempre están quemados en un valle de memorias. Estos crean un carácter personal lleno de esperanzas para la vida que ha de venir. Serás llevado a áreas de asombros y de miedo. Visitaras un lugar a través de los ojos de un niño/niña, después las veras atravez de los ojos de un adulto/adulta. Milagros que no se pueden explicar, solo que Dios es real y todavía trabaja milagros. Este libro demostrara como podemos hacer malas decisiones aunque creas que Dios está obrando. La Fe que mueve montañas y restaura la vida que en un tiempo estaba muerta. Eventos como estos encampesen este libro. En final, como vine a la realización de mi llamado y encontrar el propósito para mi *Vida No- Escogida.*

La Biblia nos dice que, "muchos son los llamados pero pocos son los escogidos (Mat 22:14)."La pregunta ahora se convierte en, *cual es la diferencia en las vidas de los llamados y las vidas de los escogidos?* Hay una diferencia? A esta pregunta la contesta es sin equivocación, "Si." Los LLAMADOS pueden escoger seguir la vida de Jesucristo. Los ESCOGIDOS tienen que vivir sus vidas como Dios las escogió para ellos/ellas. Los ESCOGIDOS tienen que vivir sus vidas de acuerdo a la divina voluntad de Dios. Ellos no pueden ESCOGER. Esto es la *VIDA NO-ESCOGIDA.*

Porque lo llamo *LA VIDA NO-ESCOGIDA,* pues, si los ESCOGIDOS pudieran ESCOGER, ESCOGERIAN la vida que han vivido o que vivirán? ESCOGERAN andar el camino que han andado o tienen que andar? (Hechos 9:15-16) Esto es probablemente porque hay muchos LLAMADOS pero muy pocos los ESCOGIDOS (Juan 15:19).

La vida del ESCOGIDO no es una vida de casualidad, pero una vida de precisión. No es un camino de ESCOJO, pero un camino ESCOGIDO. Una vida de logros contra todo no favorable es la sustancia de la vida del ESCOGIDO. La vida del ESCOGIDO es una que hay que aguantar hasta que él/ella cumplan su propósito. Los ESCOGIDOS no pueden ESCOGER el camino que sus vidas cogen. Tienen que completar un destino ya planeado antes de ellos ser formados en el vientre de sus madres. No hay un deseo más grande en el corazón del ESCOGIDO, como el de cumplir su destino. Nada se convierte más importante que el cumplir con el camino ESCOGIDO para ellos por Dios, La cual se convierte en *LA VIDA NO-ESCOGIDA.*

Como puedes saber si eres LLAMADO O ESCOGIDO? Dios pone un deseo tan grande adentro de ti de hacer LO QUE SEA que él ha puesto adentro de a ser. Cuando tú conoces a una persona que a aguantado tantos obstáculos y Como puedes saber si eres llamado o Escogido? Dios te da un deseo tan grande de hacer lo que Él ha puesto dentro de ti. Cuando conoces a una persona que persevera tantos obstáculos y tiempos difíciles en sus vidas, y todavía cumplen con el plan que Dios ESCOGIO para ellos, eso es un ALMA ESCOGIDA. Como puede usted saber la diferencia entre los ESCOGIDOS y los LLAMADOS? Pues aquellos que bajo las mismas circunstancias, se dan por vencidos son los LLAMADOS. Los ESCOGIDOS cumplirán su destino contra todos los obstáculos. Porque es el viento que propulsa las velas del ESCOGIDO para adelante. Yo se la diferencia entre los dos, porque yo soy ESCOGIDA.

El Titulo De Este Libro

Yo primero quería llamar este libro *Brincar Obstáculos*. Sentía que mi vida estaba envuelta en brincar obstáculos y por esto este libro seria una ayuda para aquellos que están pasando por los obstáculos de la vida. En nuestras vidas todos enfrentamos obstáculos. Obstáculos no tienen respeto de persona. De hechos simplemente, todos tenemos que enfrentar obstáculos en nuestras vidas, es un caso mundial. Ahora, la manera que tratamos nuestros obstáculos nos diferencia uno del otro. Esto fue la parte que cambio el titulo de este libro. Cuando mire más profundo a los obstáculos en mi vida, crucé sobre esta diferencia que pone a ciertas personas a un lado de otras. Es su habilidad de *Perdurar* hasta en situaciones adversas. Esta información me ilumino y empecé a buscar en las escrituras todos aquellos que han sido ESCOGIDOS y a leer sobre sus vidas. Encontré escrituras donde el Señor habla de los ESCOGIDOS COMO en II Crónicas 29:11,. . . porque el Señor a ti te ha ESCOGIDO." Hageo 2:23, "Yo te hare como un anillo sellado, porque yo te Escogí a ti." Y San Mateo 12:18, "He aquí mi siervo, a quien he escogido;" Después de leer sobre las vidas de estas personas ESCOGIDAS, aprendí a someterme yo misma a este poder que continuamente me decía que iba hacer una persona poderosa. Eso fue algo de mi carácter que a Dios le gustaba. En el momento que rendí todo a Jesús mi Señor, cosas en mi vida cogieron vuelo. Todas las cosas cayeron en su sitio como un rompe cabeza, donde todos los pedazos tenían su sitio y yo sabía donde cada pedazo de mi vida pertenecía.

Hay muchas otras escrituras que específicamente señalan los ESCOGIDOS por Dios. Este conocimiento cambio el titulo de este libro del <u>BRINCAR OBSTACULOS</u> al <u>LA VIDA NO-ESCOGIDA</u>, ahora los eventos que sucedieron en mi vida asen sentido. Yo sé que si yo pudiera ESCOGER la manera de vida que viví, hubiera sido diferente. Mas sin embargo, yo sé que no sería la persona que soy hoy, si no había pasado por todas las experiencias que pase. Como mencione antes, la vida del ESCOGIDO no es una vida de casualidad, pero una vida de precisión.

Mirando hacia atrás los eventos en mi vida, veo como mallan con mis pensamientos, sentimientos y mis reacciones a los eventos en mi vida hoy. La pregunta que te estarás preguntando ahora es, que tiene este libro que ofrecerme a mí? Yo he cogido la libertad de usar la filosofía; no escullaras a un pobre decirte como ser rico, pero escucharas a una persona rica decirte como ser rico/rica. Con esto digo, entendiendo como los eventos en mi vida, que fueron muchos, sirvieron un propósito, aprenderás a ver como los eventos en tu vida sirven un propósito también. Hasta podrías descubrir cuál es ese propósito.

Pregúntate las siguientes preguntas: Si alguien te enseña o te dice como hacer tu vida más fácil, escucharías? Si nunca pasaste por esa experiencia, sabiendo como otra persona manejo esa experiencia podría ayudarte si en un caso pasas por esa experiencia? Si contéstate que si a una o las dos preguntas, entonces tienes que seguir leyendo. Muchos de nosotros andamos en esta vida sin saber cómo manejar o sobrepasar ciertas situaciones en que nos encontramos. Yo Oro que este libro sirva ese propósito.

En leer las experiencias en mi vida, y como Dios intervino, te pueda convencer a que dejes que Dios entre en tu vida. Podrías aprender que hacer antes que te vengan los problemas. Alguien me dijo cuando icé la pregunta "Porque yo?" Me dijo, alguien tiene que pasar para que le pueda decir a otros como ellos sobrepasar." Como los tres hombres en el libro de Daniel 3:21-30, Sadrac, Mesad y Abed-nego, quienes pasaron por el fuego, mas sin embargo "el fuego no tenia poder sobre de ellos, ni aun sus cabellos no se quemaron y sus ropas quedaron intactas ni siquiera olor a quemado estaba sobre de ellos."

No hay necesidad que nadie que lee este libro, que tenga que pasar por cualquier situación sin saber cómo lograrlo con éxito. El secreto es pasar con éxito. Esta es la rosón porque un alcohólico recuperado le puede decir a un alcohólico como sobrepasar alcoholismo. Esa persona ha pasado por el dolor y el sufrimiento de ser un alcohólico. Una vez que la persona ha vencido el apretón del alcoholismo, ellos pueden ayudar a otros compartiendo su experiencia (Testimonio). Ellos pueden ayudar a otros sobrepasar con menos dolor y sufrimiento porque ellos aprendieron alas fuerza y están dispuestos a compartir su historia, permitiendo que otros superen sin tener que luchar tanto. Es más probable que la gente escuche a una persona que ha estado ahí y ha visto y ha superado con éxito y no volverá ahí otra vez.

La presentación de mis experiencias y sus resultados serán en una autobiografía narrativa. Si este libro te ayuda a descubrir el plan de Dios para tu vida y como superar aunque sea un obstáculo presente o pasado, entonces este libro ha servido su propósito. Oseas 4:6 dice, "Mi pueblo fue destruido porque le falto conocimiento. . ." Muchos de nosotros nos morimos físicamente y/o espiritualmente porque no conocemos nada mejor. Si este libro salva una vida y/o anima una persona, entonces la batalla ha sido ganada. Algunas personas buscaran alcohol y/o drogas para resolver sus problemas, sin saber que probablemente crean problemas más grandes para sí mismos. Esto es la realidad de lo natural del ser humano. Muchos de nosotros no vemos más allá de los obstáculos que se enfrenta ante nosotros. Nosotros entonces, aceptamos la situación, llegando a una conclusión erróneos, que no hay salida. Nos decimos, "esta es la manera que es y es la manera que se va a quedar." Cogemos el sentimiento de ser indefenso. Si nosotros pudiéramos aceptar los eventos de nuestras vidas como otra manera de obtener conocimiento para ayudar a otros, entonces las situaciones no tienen poder sobre nosotros y podemos contribuir para resultados más positivos.

Otra vez quiero decir, que todos tenemos obstáculos en nuestras vidas, pero la manera que manejamos los obstáculos es lo que nos hace diferente el uno del otro. Dios tiene un propósito para tu vida. Usted no está en este mundo de probabilidad, usted ha sido ESCOGIDO.

Como Encontré Que Dios Me Había Escogido

Una mañana cuando estaba meditando y en oración, me volví a un tiempo atrás. Me sentí como si estuviera en un trance. Vi mi vida iluminada delante de mí. Me llevo atrás al vientre de mi madre. Allí vi mi hermana hémela. Según me dijo mi mama, ella se había muerto dos semanas antes de nosotras nacer. Mami no sabía que estaba embarazada con gemelas que estaban pegadas. Teníamos un solo ombligo para las dos.

Nacimos en Puerto Rico en Agosto del 1952, el mismo año en que los Puertorriqueños obtuvimos ciudadanía a los Estados Unidos. En esos días la comadrona asistió en el parto de los niños. El hospital local se usaba solo para emergencias. Mami había tenido los otros niños en la casa con la asistencia de la comadrona. Con nosotras, Mami estaba incomoda no usual. Dos semanas antes de nosotras nacer, Mama sintió como si el bebé se había caído en sitio para nacer. La comadrona le dijo lo mismo cuando vino a ver el estado de Mami.

Días pasaron y Mami continuaba sintiéndose mal. Ella sabía que algo estaba muy mal cuando se dio cuenta que el color de sus uñas eran azul y no podía andar. Ella todavía podía sentir la criatura moviéndose y eso le daba aliento que el bebe estaba vivo.

Sin ninguna idea que lo que sintió dos semanas anterior era mi hermana despegándose de mí y el ombligo que compartíamos las dos. Mi hermana gemela murió en el vientre.

Cuando Mama ya no podía aguantar el dolor mas, la llevaron al hospital. Mi hermana mayor se quedo con mi Mama y vio el nacimiento de mi hermana. Mi Papa (de todos los sitios de estar) estaba en la cárcel, pero eso es otra historia. Le dieron un pase para que enterara mi hermana gemela.

Mi Papa me dijo que recogió una caja pequeña y blanca y el la entero en una tumba sin marcador. Mama me dijo que cuando los doctores sacaron a mi hermana, su piel había empezado a deteriorar. Porque estábamos pegadas de un solo cordón del ombligo, sacarnos por una operación cesaría nos hubiera dado la mejor oportunidad para sobre vivir. De cualquier modo, nadie sabía que éramos gemelas pegadas.

Esto sucedió en tiempos antes de ultrasonido y de amniocentesis dos procedimientos que hubieran alertado a Mama que estaba embarazada con gemelas pegadas. Yo, por supuesto, permanecí sujetada al cordón del ombligo por un hilo. Fue a este punto en mi visión que el Señor me enseño que mi vida era ESCOGIDA.

En Gálatas 1:15 dice, "Pero cuando agrado a Dios, que me separo desde el vientre de mi madre, y me llamo por su gracia," Esa escritura cambio la manera que yo veía mi vida desde ese momento en adelante. Yo sé ahora que el diablo nos quería matar a las dos antes de nacer, pero Dios me ESCOGIO desde antes de ser formada en la vientre de mi madre.

Mi Vida: Un Testimonio Vivido

Mi nombre del medio es Milagros (Miracle in English), porque técnicamente yo no estaba supuesto a sobre vivir. De la manera que mi hermana gemela y yo estábamos pegadas, aunque estuviéramos las dos vivas, los doctores hubieran tenido dificultades en sacarnos y despegarnos.

Continuando la historia, después que sacaron a mi hermana, según dijo Mama, los doctores no entendían porque la placenta no estaba despegada. Mi hermana no estaba atada al cordón del ombligo. Lo que ellos no sabían era que otra criatura estaba adentro y sujetada por un hilo al Cordón. Los doctores decidieron sacar la placenta, pero envés, me jalaron a mi por mis pies. Yo estaba viva! El único problema eran mis piernas. Mi hermana estuvo acostada sobre mis piernas todo el tiempo que estuvo muerta y parró la circulación a mis piernas. Mis piernas estaban bien flacas. Los doctores le sugirieron a Mami, de tener mis piernas amputadas porque nunca podría andar con ellas. Mami le dijo a los doctores, "si ella sobre vivió la muerte de su hermana, ella sobrevivirá el estado de sus piernas." Mi Dios, mi Dios quien sabía el futuro tenía un plan para mí.

La Experiencia Con La Camisilla

De a menudo le ayudaba a mi papa, quien era un pescador, a preparar sus chinchorros para salir al océano. Yo me quedaba en la oriya mirando a mi papa remar su pequeña yola hacía el inmenso mar. El pescaba toda la noche y regresaba temprano en la mañana. Yo lo estaba esperando con su café en la mano. Él era el único Papá que yo conocía y él siempre me trataba especial. Mientras el esta pescando, yo le pedía a Dios que lo dejara regresar seguro. No podía imaginar mi vida sin él. Mi papa me hacía sentir tranquila. El me decía que Dios sabia todos mis sufrimientos en mi vida y que un día me iba a recompensar por todas las cosas buena que había hecho.

Desde que era muy pequeña dormía con mi cara entera debajo del brazo de mi papa (después te diré porque). Yo me chupaba mi dedo y metía mi cara debajo del brazo de mi papa sintiéndome segura y amada. Me acuerdo un día, yo tenía como cinco años, mi papa se fue en la media noche. Cuando me levante, no lo encontraba en ningún sitio. Le pregunte a mi Mama que donde estaba, solo para que ella me dijera que él se había ido para los Estado Unidos a trabajar. Hasta el día de hoy siento el dolor intenso que sentí al oír esa noticia. Sentía que nunca regresaría. Estaba totalmente perdida. Pánico aguantaba mi corazón. Quien me va a proteger ahora? Corriendo a la cama a llorar y buscar consuelo en su olor sobre su almohada, a mi sorpresa, sobre la almohada estaba su camisilla. Agarre este premio tan grande, trayéndolo cerca de mi nariz. Olía tanto a él.

Según respiraba su aliento, sentía como si él estuviera ahí mismo. Yo me sujeté a esa camisilla como a mi vida, hasta durmiendo con ella. No la solté hasta que mi papa regreso.

Poco sabía yo que treinta años después esta experiencia seria instrumental a mi introducción a mi Padre en el cielo. A los treinta y tres años de edad, yo acepte al Señor en mi vida, pero no lo presentía dentro de mi alma. Mirando a lo que otros miembros de mi iglesia saltaban y alababan al Señor en canciones. Y aquí yo estaba sintiéndome vacía. No queriendo demonstrar emociones falsas, o sentimientos que no estaban ahí. Yo no iba ser una falsa y pretender. A lo que de rodillas le oraba a Dios, con mis ojos serados, le pedí a Dios que me tocara de alguna manera.

De repente oí una vos decirme, "respira profundamente por tu nariz." Primero me asuste, pero de pronto se me quito. Al respirar profundo por la nariz, la voz me pregunto que olía? Me hizo pensar, y realice que era como si estuviera sentada en medio de un jardín de flores fragantes. Cuando más profundo respiraba, más fuerte se ponía el olor de flores y más paz mi corazón sentía. El sentimiento más maravilloso de tranquilidad y gozo se acóralo en mi alma. Después la vos dijo, "este es mi olor y así como el olor de tu Papa en la camisilla te dio consuelo hasta el día que regreso, deja que mi olor te de consuelo hasta el día que yo regrese y sabrás que soy yo por mi olor. Porque yo soy tu Dios quien te quiere y estaré contigo siempre." Hace más de veintisiete (27) años desde aquel entonces, pero todavía puedo oler su olor hoy. Nadie me podía tocar de tal manera como Dios. Nadie sabía como el olor de mi Papa en la camisilla me afectaba. Pude transferir el amor para mi Papa aquí en la tierra a mi Papa en el cielo. Me maravillo al amor que sentí para Dios, por el amor que me enseño era más real ahora. Esa conexión aumento mi confianza en mi Dios de una manera tan profunda que mi fe es inmovible hacia mi Dios.

La Mujer En La Casita De Zinc

Aunque tenía una carga grande de responsabilidades siendo una niña, encontré tiempo para ayudar una señora que vivía en una casita de lata. Ella tenía yagas abiertas en las dos piernas. Ella no podía cuidarse ella misma y menos trabajar. Ella le pedía dinero o comida a todos que pasaban por su lado. Me daba pena con ella y su situación. De a menudo le llevaba pescado y pasaba por el dispensario a recoger vendajes y medicina para sus yagas. Yo le limpiaba y le ponía vendajes limpios a sus yagas.

Esta mujer aunque tenía muy poco, me ofrecía de su comida. Yo comía con ella porque yo sabía que se sentía sola y yo sabía cómo eso se sentía. Aunque me rodeaban un gentío, me sentía sola.

Tan increíble como suena, yo vi a esta señora catorce años después de haberme ido de la isla. Aprendí que ella había tenido una hija cuando era joven y se la dio a una pareja cristiana para que la criaran. Esta familia se mudó para los Estados Unidos con la niña.

Después que yo me fui de la isla, esta señora cayo muy enferma y alguien se puso en contacto con esta familia. Su hija, que se había convertido en una doctora de pediatría, vino y se la llevo a los Estados Unidos donde le dieron tratamientos médicos y sus piernas se curaron.

Antes de regresar a la isla, me hice de cuenta que ella había muerto. A mi sorpresa, no solo estaba sana pero vivía en una casa hermosa que su hija le mando hacer para ella. Yo averigüé donde vivía y la fui a visitar pensando que ella no se acordaba de mi.

Catorce años habían pasado desde la última vez que la vi. Cuando abrió la puerta, me cojeo de maravilla lo saludable que se veía. Que divino era verla salud restaurada. Ella se me quedo mirando, y expreso con mucha alegría, "no me digas quien eres, yo me acuerdo." Miré directamente en sus ojos, era como si ella mirara dentro de mi alma. Ella grito en deleite y me jalo adentro de sus brazos y dijo, "tú eres aquella niña que venía todos los días y me traías pescado, comías con migo y me limpiabas mis yagas." Me halo para dentro de su casa y me cogió las manos y las aguanto fuerte como si no me las iba soltar nunca. Con lágrimas en sus ojos me dijo todo lo que había pasado desde que me fui de la isla hasta el día.

Esta señora le dijo a su hija de mí y ella me dijo que oraba por mí pidiéndole a Dios que me bendiga donde quiera que estuviera. Como en el pasado, me quede todo ese día y comí con ella. Dando me gracias por todo lo que hice por ella, eso causo que la palabra de Dios volviera a mi memoria, "lo que haces a unos de mis hermanos/hermanas lo haces a mi (Mateo 25:40)."

De maravilla me quede el día entero con ella. Me vino al pensamiento lo que había leído en la Biblia de que a veces entretenemos ángeles sin saber. En gratitud, me baño de regalos y dinero. Nunca soñé que lo que hice en mi pasado se reflejara en mi futuro. Le daba gracias a Dios que cuidaba a otros sin interés en dinero o recompensa. Viendo la alegría en su rostro era la más grande recompensa que al quien me podía dar.

Una Visita De Dios

Mami se puso grave y la admitieron en el hospital. Después de treinta días, me dijeron que mami no tenía mucho de vida y que era mejor que se muriera en su casa. Que choque fue esa noticia para mí. Como se lo voy a decir a mi papa? Esta carga es más de lo que yo puedo aguantar a la edad de trece años.

Una vez en casa, yo volví a la carga de tareas de antes. Mama se puso bien enferma. No podía tragar y estaba muy débil. Yo me mantenía ocupada con la esperanza que me quitara la mente de lo que estaba pasando. Una noche me levante al sentir el cuerpo de mi Mama sacudiéndose. No podía respirar. Yo levante a mi Papa, que estaba durmiendo en otro cuarto. El ligeramente sugirió que le buscara agua para mi Mama, pero yo estaba paralizada de preocupación, no me podía mover. Él le hablo bien suave diciendo, "todo va estar bien." Cuando ella se calmo, el me jalo afuera del cuarto. Note el miedo en su cara. Yo nunca le había visto esa mirada en la cara de mi Papa. Me pidió que velara de cerca a mi Mama, porque él tenía que ir a llamar a mis hermanos mayores que vivían en los Estados Unidos. Mi Papa tenía que andar a la estación de policía para poder llamar larga distancia. Nosotros no teníamos ninguna forma de transportación y la estación de policía era como tres millas de lejos de nuestra casa. Hoy yo tengo dos carros para escoger. Figúrate eso!

Con mi Papa ido y mi Mama calmadita, yo hice mi camino a la cocina para buscar agua para Mami. Empecé a pensar que haría sin ella. Me pare por un par de minutos y después me derroté. En solo pensar de vivir sin ella era más que lo que yo podía aguantar. Mi manos subieron hacía el cielo y mi primera oración de suplicación fue hecha. Si de verdad hay un amoroso Dios en el cielo, El curaría a mi Mama.

Mis ojos estaban serados y de mi boca no salía ningún sonido, pero adentro le suplicaba a Dios que sanara a mi Mama. Esta fue la primara vez que ore y tan ferviente. Después de orar, me quede en la cocina unos minutos más para componerme. No quería que Mami viera que estaba llorando. Me limpie los ojos y calladita regrese contemplando el cuarto donde estaba mi Mama entre la luz de la mañana. A mi asombro, mi Mama estaba sentada y llevaba una conversación con lo que parecía la sombra de una persona sentada al lado de ella. Trate de enfocar mis ojos mejor pero era como si mi visión estaba borrosa. Me acerque para ver quién era, pero todo lo que podía ver era un imagen neblinoso de un hombre. De a repente la sombra se paro y se desapareció antes mis ojos. Aterrorizada, cerré mis ojos y empecé a gritar. Grite tan duro que los vecinos vinieron a ver qué era lo que pasaba. Por algo pensé que era el mismo espíritu que se me había aparecido cuando yo era una niña. ¿Qué me pasa a mí? Pensé en mi mente. En una neblina, escullaba la vos de mi Papa urgiéndome que me calmara y le dijera que paso. El estaba seguro que lo inevitable había ocurrido. Mira, me dijo bien contento. "Ella está mejor ahora que cuando me fui." Lentamente abrí mis ojos. Yo confiaba en mi Papa. Mi mama estaba sentada y sonriéndose con migo. Dos cosas que ella no había hecho en un largo tiempo. Que maravilloso! Mi Papa quería que le contara todo lo que había pasado cuando él se fue. "Dime en detalles todo lo que ocurrió." Lo primero que yo quería establecer era mi seguridad. Le tome las manos de mi Papa y le suplique que me aguantara y empecé con la oración en la cocina. Cuando termine diciéndole mi oración y del imagen de la persona sentada al lado de Mama, el cayo de rodillas y empezó a adorar a Dios. El determino que la imagen era el Señor Jesús y El vino a visitar nuestro hogar para darle vida a Mama. Milagrosamente mami tenía fuerza para viajar.

Dios contestó mi Oración

La próxima vez que ore suplicándole a Dios sucedió cuando vivía sola con mis hijos. Otra vez le pedí a Dios que si era real, que hiciera algo para cambiar mi situación. No podía llorar mas nada. Aquí estaba sola con tres niños, sin educación o experiencia trabajando y sin nada para agarrar para halarnos de donde estábamos. Yo decidí confiar en Dios que hiciera algo, porque me acorde de todas las cosas que había hecho anterior. Y también me acorde del día que mi mama estaba tan enferma y yo había orado que Dios la curara y El le dio fuerza para hacer el viaje para recibir atención médica. Sí, yo creo que Dios oyó mi oración ese día y profundo dentro de mí, sentí que oyó esta oración mía también.

Los golpes en mi puerta me despertaron. Era una mujer hispana joven, pidiendo la señora de la casa. Era un día frío de diciembre, la invité y rápidamente se dio cuenta que no tenia calificación y ningunos muebles. Ella me preguntó si ella podría hablar con mi madre. Tímida le dije que yo era la madre. Ella miraba sorprendida debido a lo joven que yo me veía. Ella preguntó si ella podría mirar alrededor. De curso, dije, "aceptable." Después de mirar alrededor y de abrir el refrigerador, ella me preguntó cuánto tiempo tenia de vivir aquí y yo le dije "ocho meses." Ella me dijo que ella no podía creer que había vivido como esto para ese tiempo y me preguntó si tenía una trabajadora social que me ayudaba. Compartí con ella que no tenía ningún medio de conseguir teléfono para llamarla. Ella me dijo que ella sería mi trabajadora social de mi caso porque ella trabajaba para un centro que los hispanos encuentren ayuda con los alimentos, abrigos, y ropa, educación, y entrenamiento para trabajo. Ella estaba en la comunidad, buscando mujeres hispanas para un programa secretarial bilingüe. Mientras que ella caminaba del dormitorio, ella notó una de las cajas de veneno para las ratas que el propietario había colocado por todas partes del apartamento. Ella notó lo joven que eran mis niños y pidió que vistiera los niños porque nos íbamos con ella. No tenía ninguna idea donde ella nos llevaba, pero estaba alegre estar en su coche que tenía calor. Llegamos a este edificio grande que tenía muchos salones de clases. Ella nos puso en su oficina y dijo estaría devuelta en un minuto; entonces ella volvió con cuatro almuerzos de caja en las manos. Cada una tenía un envase pequeño de leche. Di a mi bebé mi leche. Él bebió ambos cartones de leche rápidamente. No podía comer el emparedado debido al nudo en mi garganta. El Dios oyó mi oración. No he podido nunca imaginar todo lo que ocurrió ese día.

Dios hace algo de nada

La segunda semana en enero, comencé clases para obtener el GED (diploma de educación general). Los nenes fueron a la guardería (day care) donde le daban tres comidas y dos entremeses al día. Tenían otros niños para jugar, y fueron preparados para la escuela. Honestamente todavía no podía creer todo lo que ocurría en mi vida. ¡Iba realmente a la escuela! Tenía deseos siempre ir a la escuela. ¡Ululación! Una trabajadora social que sabía mi situación, parece que le caí bien, lo llamo hoy, "el favor de Dios." Esta trabajadora me dijo sobre una escuela para los sordos que me enseñarían señas en inglés al mismo tiempo, leer y escribir en ingles. Permanecí sorda en mi oído izquierdo por un golpe. Ella dijo que el centro proporcionaría el transporte ida y vuelta a la escuela. Avancé rápidamente, y antes de que lo supiera, cuatro años habían pasado. Había alcanzado el octavo grado. Ahora tenía que aprender hablar Ingles. Mi maestra de Ingles, me dejaba quedar después de la clase para practicar vocabulario. Me prepararon para tomar la prueba del GED. Ésta era mi primera vez que tomaba una prueba, y estaba nerviosa. Hice el mejor que pode y me fui. La espera estaba en acción y mis nervios estaban por todos lados. Deseé entrar en la clase de secretarial bilingüe tan gravemente, pero necesité el GED para entrar.

Era las dos semanas más largas que había pasado en mi vida. El éxito del futuro de mi familia dependió de mí que hiciera bien y con la gran anticipación finalmente vino la carta en el correo. Me asuste abrirlo pero aquí vamos. A mi sorpresa, no pasé. Necesité una cuenta 225, y conseguí 223. Me sentía como si cayera la tierra debajo de mí. Ahora, acuérdese, había pasado el octavo grado en señas y en cima del octavo grado en inglés, pero eso no me importó. Deseé ir al programa de secretaria, y ahora no podía.

La mañana próxima fui temprano derecho a mi profesora de inglés. Le demostré mi cuenta. Incluso no le di una ocasión de decir cualquier cosa. Deje salir de mi boca, "soy estúpida y no puedo hacer nada bien (llave numero uno)." Ella me miraba como si era loca y contesto, "te faltó dos puntos. Eso no es nada, y ahora todo lo que necesitas hacer es <u>estudiar más fuerte</u>. No vale solo pasar, tienes que desear sobrepasarte. Hay tanta gente en esta vida que se conforman con apenas pasar y eso no debe ser tu propósito. Todo lo que agás con la <u>determinación</u> (llave numero 5) que vas a <u>sobrepasar.</u>" Esas palabras me golpearon profundamente dentro. Ella tenía absolutamente razón. Lo sentía hasta el fondo de mi alma y la llave número tres nació, "Que estas <u>dispuesto</u> <u>hacer</u> <u>para tu éxito.</u>"

<u>Determinación</u> (llave 5) se convirtió mi mejor llave al éxito, y tres meses después, tomé la prueba otra vez. Esta vez conseguí mi GED con una cuenta de 249. Me había sobrepasado la cuenta que necesitaba. Usted no me podía decir nada. Estaba en mi meta, y ningún obstáculo se parecía demasiado grande. Paré del escuchar esa voz interior que me decía que nunca lograría nada en mi vida. <u>Llave número uno, "es el quitarse a uno mismo."</u> Es esa voz interior que le dice que tú nunca tendrás éxito en cualquier cosa que desee hacer. Pues mi historia revela, *las Siete Llaves Para El Éxito* (página 34).

15

Mi nueva meta era el programa de secretarial bilingüe. Entré en él con los pensamientos (llave 4 <u>Visualice</u>) del éxito. Iba a ser la mejor secretaria que podría ser. Estaba en mi zona. Mi primera clase era mecanografía, y le pregunté a mi maestra, "que rápidamente puede una persona ser en mecanografía?" Ella me informó que un hombre en los expedientes del mundo mecanografió 100 palabras por minuto con dos errores. No sabía sobre este libro de registros del mundo, con todo tomé una decisión para sobrepasar esa cuenta. Las cosas que precisamos para hacer cuando no sabemos mejor.

Le pregunté a la maestra de mecanografía si podría venir después de clase a practicar mi mecanografía. Ella me dijo que podía permanecer el tiempo que deseara. Estaba practicando todos los días. Los niños le gustaban la guardería y podían permanecer todo el día; todo lo que tuve que hacer era darles un baño, los dejaba ver TV, y ponerlos a dormir. Hice esto por seis meses. Periódicamente, probaba mi cuenta y salía 97 palabras por minuto con cuatro errores. Esto no era suficiente para mi. Necesitaba sobrepasar al hombre con 100 palabras por minuto. No tenía ninguna idea que intentaba batir un expediente del mundo. Descubrí más adelante en mi vida que este deseo de sobrepasar es de lo que se hace la FE. Intentaba batir algo que no es normal. <u>Llave número Cuatro, Visualiza</u> su éxito. Podía verme el mecanografiar sobre cientos palabras por minuto. No di la voz a dentro de una ocasión de decir una palabra. Nadie sabía cuánto mecanografiaba yo estaba haciendo. Ni mi maestra. Guardé mi cuenta que era menos de cien. Eso era muí bajo para mí; No deseé fallar. Trabaje más fuerte y más fuerte intentando alcanzar mi meta. Nadie me dijo diferente. ¡Sorprendente!

Más allá de lo Real

Un día, un representante de KODAK vino a la escuela que buscaba para probar tres de las mecanógrafas más rápidas para una abertura de trabajo. Mi maestra de mecanografía tenía dos señoras de Colombia, y ella me dijo que tomara la prueba también. Ella se sentía que había practicado bastante y que estaba lista. Una a la vez nos llevaron a un cuarto pequeño que tenía una máquina de escribir en ella con un contador de tiempo el cual sonaba cuando su tiempo estaba terminado. Las otras dos señoras fueron adentro antes de mí, cerrando la puerta detrás de ellas para guardar ruido a fuera, pero podías ver a dentro porque la mitad superior era de cristal. Era la última para tomar la prueba de mecanografía. Esperamos todas en un cuarto grande al lado del cuarto de prueba. Después de comprobar nuestras cuentas, el representante entró en el cuarto, y le dio el trabajo a una de las Colombianas. Mi corazón se hundió, y me sentía devastada. ¿Qué pensaba? Intenté caminar por el pasillo rápidamente para irme de allí. Podía oír la voz negativa en mí, diciéndome el refrán principal, "usted nunca tendrá éxito en nada." El llamar de mi nombre me desencajó de la presión que sentía en mi mente. El representante me llamaba y el estaba parado al lado de mi profesora de mecanografía. Pensé que había hecho tan mal y que iban a decirme. El representante tomó mi mano y dijo, "felicitaciones, usted es la mecanográfica más rápida que hemos visto." Mi profesora de mecanografía me abrasó mi cuello y lloro. Me confundieron totalmente. Ambos habían comprobado mis cuentas tres veces de cerciorarse de que tuvieran razón. Había anotado 98 palabras por minuto con dos errores. Mi profesora de mecanografía me preguntó, que intentaba hacer. Le dije lo que ella me había dicho cuando le pregunté cómo rápidamente una persona podía mecanografiar. El representante me dijo que él tenía un trabajo con mi nombre en él en Kodak como entrada de datos. Mi clase de mecanografía se enteró y vinieron a felicitarme por mi cuenta excepcional. No estaba segura como sentirme. No anticipaba esto suceder, le digo que mi corazón había pasado de alegría; y estaba en "abrumada."

Había sobrepasado el normal y había caminado en el reino de imposible, el área donde vive Dios. Cuál es imposible para el hombre es posible con Dios. Mi vida resultaba mejor que lo que habría podido imaginarme. Había una razón para todas las cosas que sucedieron en mi vida antes de este día, y descubrí que Dios puede hacer algo de la nada. Sé ahora que si hubiera sabido sobre los expedientes del mundo, no habría intentado sobrepasar la cuenta de 100. Habría estado loca en mi atento de sobre pasar la cuenta de 100. La biblia dice, "Dios usa lo simple para confundir al sabio (1 Cor 1:27, Sal 19:7)." Aquí estaba con un gran trabajo, una gran paga, y un lugar maravilloso de vivir y tres niños felices. ¿Qué más podría pedir?

Dios Manda Un Mensaje Con Migo

El día de ir a la iglesia vino rápidamente. No deseamos llevar a los niños con nosotros la primera vez. La noche antes, tuve un sueño extraño. Mis sueños eran siempre pesadillas. El diablo me atormentaba en mis sueños desde que tenía cinco años. Pero, este sueño era diferente. Daba un mensaje a una congregación en una iglesia. Dije el mismo mensaje repetidamente. No entendía el mensaje, sino que estaba en paz mientras se lo dije a esta congregación que nunca había visto antes. Desperté y escribí las palabras del mensaje en un papel. Me sentía diferente mientras que oí las palabras que nunca había oído antes. Sonaba como un mensaje del reaseguro. Lo escribí y fui de nuevo a dormir. Temprano en la mañana llamé a la señora que me invito a su iglesia y compartí con ella el sueño. Ella sugirió que llame al pastor y le diga el sueño. Ella me dio su número de teléfono casero y lo llamé enseguida. Él contestó al teléfono, y me introduje. Compartí con él que mi marido y yo íbamos a visitar su iglesia hoy, pero necesité hablar con él sobre un sueño que había tenido ayer por la noche que no entendía. Le dije el sueño, y él pregunto si lo había anotado, y le dije que lo hice, palabra por palabra. El pastor me dijo que lo traerá con migo de modo que pudiera leerla a la congregación. ¡Grité, "yo no puedo hacer eso! Ésta es mi primera vez que voy allí." No podía imaginarme hacer eso. Por una, no conocía a nadie allí sino a la señora que había venido a mi casa. En segundo lugar, no entendía el mensaje yo misma. Él me dijo que Dios me había ESCOGIDO para traer ese mensaje. Un forastero oirán. Él dijo adiós y colgó. Mi estómago comenzó a dar vuelta como si un perno de balanceo estuviera adentro. ¿En qué me he metido? Estaba sin sentidos y llena de temor, la historia de mi vida.

Eran las diez y quince de la mañana, y el servicio de la iglesia era a las once de la mañana, y aquí estaba congelada a la esquina de la cama. No deseé ahora ir. Tenía que pararme en una iglesia que nunca había estado y leer algo a ellos que no sabía lo que significaba. ¡Ninguna manera! Me encajé de la presión cuando mi marido me golpeó ligeramente en mi hombro. Él estaba listo y excitado ir a la iglesia, pero yo no. ¿Por qué tenía que Dios darme esta responsabilidad? No había pedido esto. Estaba tan tensa que no podía doblar mis rodillas para entrar en el carro. Llegamos a la iglesia. En el exterior parecía pequeña, y eso me hizo sentir un poquito más tranquila. Cuando caminamos adentro y abrieron las dos puertas grandes en el santuario, casi me desmayé. Era la iglesia en mi sueño, habla de "sorpresa." Sentí como si avía estado allí antes. La iglesia estaba llena, y nos sentaron en frente. ¿Por qué? El servicio de la alabanza era realmente bueno, y comencé a sentirme más tranquila mientras que las cosas se movieron rápidamente. La cosa estaban no muy mal. El pastor comenzó a predicar a propósito de las parejas casadas que están teniendo problemas con la comunicación. Él habló de escrituras que indicó, "dos no puede caminar juntos, a menos que no estén de acuerdo" (Amos 3:3). Mi marido dio vuelta y me dio una mirada como si decir, "tu le dijiste nuestro negocios?" ¡Le di la mirada a la opinión, "no." Habla de la comunicación visual!

Después de que la predicación fuera hecha, reconocieron los visitantes. Por supuesto, ésos eran nosotros. Estábamos parados para decir nuestros nombres. El pastor nos preguntó si deseábamos decir cualquier cosa. Mi marido dijo que le gusto del servicio, y él se sentó rápidamente. Él me dejó parada sola. Intenté hacer igual que mi marido, pero el pastor le dijo a la congregación que yo tenía un mensaje de Dios para la iglesia. Yo me congelé. No le había dicho nada a mi marido sobre el sueño o qué le iba a leer el mensaje en la iglesia. Él tenía una mirada atontada. El pastor suavemente me dijo, "lee el mensaje." Mientras que entré mi cartera a buscar el papel, vi que todos los ojos estaban en mí. Pues abrí el papel, mis manos temblaban así que no podía concentrar mis ojos en lo que avía escrito.

Este Era El Mensaje

Porque yo soy el Señor su Dios
Él que tiene oídos, le digo oír
Lo qué la palabra de Dios está diciendo
Prepárense porque yo vengo
Oigo sus oraciones y yo las contestaré
Porque Yo los amo y estaré con ustedes para siempre.

Ahora, recuerde que ésta era mi primera vez que iba a una iglesia, y nunca había leído la biblia antes. Esto era una experiencia nueva para mí. No había acabado la última palabra, cuando toda la gente de repente comenzó a caerse en el piso como si fueran muertos. Miraba a mi marido, que tenía una mirada asustada. Estoy segura que mi cara tenía la mirada de miedo y del choque también. No podía entender que era sobre este mensaje que hizo que se cayera esta gente al piso. Deseé correr hacia fuera de la puerta y nunca volver otra vez. El pastor se volvió al micrófono y comenzó a decir, "Alabado sea El Señor." Eso parecía calmar a la gente. Mi marido se desapareció. Después de que el servicio termino, el pastor me haló en su oficina y explicó qué había sucedido que hizo la gente caerse en el piso. Él explicó que habían estado rogando por diez años para oír una palabra del Señor, y que él había oído nuestras oraciones. El Dios había

ESCOGIDO a un forastero para traer el mensaje. Él dijo, "él sabía que era de Dios, porque yo no entendía el mensaje." Pero ellos entendieron el mensaje muy bien. Era la contesta que ellos habían estado esperando.

Dios Habla Con Migo En Sueños

Tres visitas después, nos bautizaron (aleluya). Esa noche estuve un sueño. Éste sueño me asustó. Comenzó con migo parada en una puerta. Podía oír esta mujer llorar que la ayudara. Fui a caminar en el cuarto en donde oía la mujer, y de a repente, aparecieron unas barras de metal que sellaron la entrada a este cuarto. Todavía podía oírla llorar para ayuda. Estaba desesperada porque no sabía qué hacer. Le pregunté si el diablo hacía que ella hiciera cosas que ella no deseaba hacer. Ella no me contestó; ella seguía llorando que la ayudara. Puesto que no podía entrar para ayudarla, le dije que le pidiera a Dios, que él era el único que podía ayudarla. De a repente, estaba en el cuarto parada delante de esta sombra de una mujer. Mientras que mis ojos salieron de ella, vi una criatura horrible. El estaba parado en el otro lado del cuarto. Era el monstruo en mis pesadillas. Tenía mi biblia nueva que me dieron en la iglesia después de mi bautismo, la tenía en su mano. Él me amagaba con ella, como si él lo dejaría ir y golpear mi cara con ella. No quite mis ojos de él. No estaba asustada por una razón extraña. Entonces la cosa más extraña sucedió. Levanté mis manos y de mi boca vinieron las palabras, "en nombre de Jesús Cristo de Nazareno." De a repente me sentía como si me cayera de espalda. Intenté con toda mis fuerzas permanecer en el lugar y mantener mi calma. Miraba para ver la sombra de la mujer delante de mí. Era yo, y di vuelta rápidamente mi vista a la criatura y era también yo. Me desperté gritando.

Temprano esa mañana, llamé a mi pastor. Le dije mi sueño, y éste fue su explicación de ella. "La mujer que gritaba para ayuda era usted atrapada. El diablo la tenía tan asustada de él que usted gritaba hacia fuera para la ayuda. La parte del diablo que hacía pivotar la biblia a usted intentaba decirle que la Biblia (la palabra del Dios) no le ayudara. La que levantó las manos e invitó el nombre de Jesús de Nazareno era la que fue renovada y tenía su confianza en el Señor. Dios le entregó del tormento del diablo, y del miedo. El mandilar o la sensación de caer era el Espíritu santo que trabajaba en usted." Ésta era la revelación para mi vida. Me convirtió el miedo, en paz con mi misma y mi vida. Algo había sucedido cuando salí del agua. No sé lo que era, pero mi actitud y sentimientos enteros habían cambiado. Era una criatura nueva.

Obteniendo Experiencia De El Poder De Dios Atraves De Su Palabra

Me levante un día con un deseo tan grande de leer la Biblia. Tenia este deseo de conocer a Dios mejor. Cuando mas leea, mas aprendía sobre el carácter de Dios. Aprendí las cosas que Él había hecho en el pasado para los que lo obedecían en el pasado, El podía hacer hoy. Me absorbía en la lectura que me sentía como si estuviera ahí presente, mirando lo que sucedía. Por ejemplo, como leía en éxodo, cuando el mar rojo partió lado a lado. Podía oler la sal de la mar en el aire. Se me hiso tan real al punto que tuve que parar y coger mi respiración. Sentí como si el terreno debajo de mis pies se movía. Esa experiencia me asusto, pero me gusto sentir lo que ellos sentían en ese momento, Podía decir que se lo que ellos sintieron al toda esa agua moverse para ambos lado. La palabra de Dios es viva y conmovedora cuando te entregas a ella. Cuando sientes, respiras, tocas y ves con tus ojos espirituales, el poder de la palabra de Dios, no puedes quedarte igual. Causa un cambio en ti permanente.

Me había bautizado solo seis meses y me sentía como si nunca había estado sin Dios en mi vida. Era una bebé-en-Cristo, pero me sentía llena de entusiasmo para leer su palabra. Me levantaba temprano en la mañana a leer la Biblia. La cosa que aprendí muy rápidamente fue que cuando usted desea saber la verdad sobre cómo caminar con Dios y ser un cristiano verdadero, usted cera probado para ver si de verdad tienes a Cristo adentro. La única manera que encontré para saber que la palabra de Dios estaba profundamente a dentro donde nos cambia y nos fortalece para resistir los golpes del diablo. Y tengo que decirles, que al totalmente ser entregado en las escrituras, el diablo va a traerte pruebas que solamente con la palabra de Dios te va ayudar vencer. Entonces y solamente entonces tu voluntad se convierte en la de Dios, y el carácter de Dios se convierte parte de nuestro carácter. En otras palabras, "debemos vivir" la palabra de Dios.

El Poder De La Oración En Sanar

Encontré mi llamado a través de mis sueños. Sí, se parece como si mis sueños adquirieran un diverso significado en mi vida. Se convirtieron en un canal a través del cual Dios me hablaba. Un sueño realmente cambió mi vida y revelo mi llamado. En este sueño, yo conducía y subí a una tienda de campaña grande con una bandera en el frente que decía, la "iglesia de la tienda curativa primero llevada." Caminé adentro y vi que el lugar estaba lleno de gente. Cantaban una canción que nunca había oído antes, pero por una cierta razón la sabía. Seis de las muchachas jóvenes de mi iglesia estaban vestidas en blanco y tenían tamborines en sus manos. Pasaron delante de mí cantando y tocaban sus tamborines. Esperé hasta que me pasaron, y seguí detrás de ellas al frente de la tienda y tomé un asiento. Mientras que miraba sobre la etapa, vi que uno de los hermanos de la iglesia que rasguñaba sus piernas y sangre fluía de ellas. Dije a mi misma, él necesita oración. Cuando yo pensaba esto, algo me golpeó ligeramente en el trasero de mi cabeza y dijo, "no, no ores por él." Dije, "aceptable, yo no ore." Entonces vi a la esposa de mi pastor en el otro lado de la tienda que saltaba hacia arriba y hacia abajo con dos tamborines en las manos. Le hice una muestra de que me diera uno. Ella hizo un gesto para que yo viniera donde ella a buscar uno. Aquí vinieron las muchachas otra vez delante de mí cantando. Esperé otra vez que pasaran para ir donde la esposa del pastor, y seguí detrás de ellas. Cuando llegue a la entrada de la tienda, en un asiento, estaba otro hermano de la iglesia. Él se veía muy enfermo. Pensé otra vez a mí misma, él necesita oración. Una vez más sentí algo golpear ligeramente en mi posterior de mi cabeza y la voz, "no, no ores por él." Esta vez cequí caminando. Mientras que andaba a donde estaba la esposa del pastor, oí a mi pastor hablar en la plataforma. Caminé hacia adelante para oír lo que él decía, y él introdujo a una mujer que nunca había visto antes. Ella dijo que ella había seguido todas las tiendas de campañas curativas, porque ella tenía una máquina que media el poder de la oración.

Entonces trajeron al frente una señora, que estaba en una silla debido a una enfermedad. La colocaron en el frente de la tienda y mi pastor puso su mano en el hombro de la señora y su esposa puso su mano en su otro hombro. De a repente, mi pastor me llamó a venir a orar por la señora. Me dio una sacudida eléctrica, pero fui a donde estaba la señora. Me baje a mis rodillas, y coloque ambas manos en su muslo. Tan pronto recline la frente en mis manos para orar por ella, sentía como si me cayera de espalda en un risco y me asuste. ¿Había sentido esta manera una vez antes en el sueño de una mujer que gritaba para ayuda? Entonces, apenas como miedo comenzó a fijar adentro, una voz suave me dijo, "si confías en mí, déjese caer," me quito el miedo y me dejé caer. Me sentía caer, y una sensación tranquila ahora consumía mi cuerpo. Abrí los ojos y me vi parada, mirando me en el piso con mi cabeza en la pierna de la señora. Vi mi estomago moviéndose y sonidos salía de garganta. La señora con la máquina que media el poder de la oración, había puesto la pinza que medía en mi dedo gordo de mi pie derecho. La máquina se volvió loca. En ese instante me desperté. Estaba suda y diciendo palabras en español. Por supuesto, llamé a mi pastor y le dije sobre mi sueño. La cosa que no podía entender era, porqué miraba mi cuerpo? Mi pastor explicó que cuando una persona está orando para alguien que está enfermo, esa enfermedad inscribe a la persona que ora y el espíritu de Dios que está en la persona en oración no puede estar en el mismo cuerpo con la enfermedad. Esto es porque la enfermedad no es de Dios. Pero, cuando esa enfermedad sale del cuerpo de la persona que está enferma e inscribe a la persona que ora, la persona de oración después echa la enfermedad lejos de ellas ambas. Entonces el espíritu de Dios vuelve a entrar la persona de oración, y las dos son *curadas. Este sueño me quito el miedo de orar con el* espíritu santo adentro. Me siento que el poder en oración para el enfermo es un regalo maravilloso de Dios.

Dios Revela Mi Llamado
Y Cómo Utilizarlo

Un año después de este sueño, estaba en la iglesia y me levanté y comencé a caminar por el pasillo cerca de la pared. Pasé por el lado de un joven que estaba sentado en el banco al lado del pasillo. De repente, me caí a mis rodillas y comencé a llorar dolorosamente por ninguna razón evidente. Tome sus piernas y me aferré a ellas como si mi vida dependían de ellas. No sabía por qué hacía lo que hacía, pero no podía parar hasta que tal como me vino, tan extraño sobre mí, se fue. Después de este incidente, comencé a sentirme como si todas las cargas del mundo fueron puestas en mis hombros. No podía caminar en la iglesia sin caer en mi cara y suplicar por alguien. Un día hice tantas suplicas a Dios que comencé a hincharme y no podía respirar. Tuve que ir al hospital a oír a los doctores decir que no podían encontrar qué causaba la hinchazón. Mi pastor vino a verme en el hospital. Le tomó solamente un minuto a descubrir que pasaba con migo. Su prescripción era irme lejos. Salí del hospital y fui derecho a Syracuse. Allí encontré un hotel que estaba bajo construcción y los únicos pisos disponibles eran los 14th y 15th pisos. Conseguí un cuarto en el 15th piso. Tomé una ducha larga y después me senté en una silla muy cómoda que estaba delante de una ventana de bahía grande. No realicé que me había estado sentando allí por cinco horas directo. Sentía una conexión fuerte con Dios y escuchaba

31

su voz. En ese palmo de tiempo aprendí cuando mi regalo se debe utilizar y cómo utilizarlo. La mejor cosa que hice era irme lejos. El Señor compartió con migo cómo debía interceder solamente para los que no podían rogar para sí mismos. Había estado tomando las cargas y no había estado discerniendo si estaban para que yo ruegue o si eran para que rueguen ellos mismos. Dios reveló la manera de discernir la diferencia que hizo mucho sentido para mí. El domingo siguiente en la iglesia me restablecieron en la fe y la fuerza. También descubrí que mi oración para el hombre joven lo mantuvo vivo hasta que él fue al hospital. Sus riñones habían dejado de trabajar. Llego a tiempo para que le salvaran su vida. Seis años después, ese joven fue mi tutor en la universidad. El me cogió un cariño y yo a él. Mi Dios sabía que yo lo iba a necesitar en el futuro.

Dios Me Da Un Trabajo

Fui confiada totalmente y sometida totalmente a hacer el trabajo para el Señor. Usted no podía decirme que no lo tenía en buenas. Estaba tan envuelta en las cosas de Dios, si me hubiera dicho que caminara sobre el agua, yo lo haría. Ahora había servido al Señor fielmente por cinco años. Utilizaba todos los talentos que el Señor me había dado. Ahora deseé un trabajo. Me sentía lista adquirir una posición en el Señor al trabajo en la iglesia donde fuera la necesidad. Mientras que la iglesia estaba en meditación, pedí al Señor un trabajo. Esta voz me dijo, "*interceda*" para los niños. Entendía que mi lugar era estar parada entre los niños y el diablo. Esta voz explicó cómo los padres pueden estar ocupados en sus propios problemas personales, que no tienen tiempo para pensar en los niños y el diablo desea destruirlos mientras que son jóvenes, así que no pueden ser salvados cuando sean mejores. Clarificó cómo algunos adultos son niños en Cristo, y necesitan oración intercesora también.

De repente tenía este impulso de frotar mis manos juntas. Mis manos se volvieron muy aceitosas. Cuanto más intente apagar el aceite, más aceitosos se asían mis manos. Algo en mi espíritu me dijo que pusiera mis manos en la frente de los niños de la iglesia. Todos estaban de oración y en meditación con sus ojos serados. Era muy fácil tocar a los niños sin la interrupción de cualquier persona. Tenía algunos adultos que el espíritu hizo que pusiera mis manos encima también. ¡Me gustaba mi trabajo! Sabía en mi corazón que podría hacer este trabajo. ¿Caminé de nuevo a mi asiento fatigada. Tan pronto como me senté y puse mi cabeza en mis manos, oí una voz que dijo, "así que piensas que puedes pararte entre ellos y yo? Veamos lo que haces cuando te quite unos de los suyos." Me pare inmediatamente para ver quién había dicho eso. Mi corazón comenzó a golpear fuertemente. No entendía por qué esta voz había dicho eso. Comencé a secar mis manos que estaban secas. El aceite se parecía haberse secado encima de tan extraña manera como apareció.

Dios Levanto Al Muerto

Agotada por todos los acontecimientos que ocurrieron en la iglesia, cuando llegue a casa me fui derecho arriba y me puse enseguida mis Pijamas y me fui a dormir. Eso cogió a mi familia de sorpresa, porque nunca había hecho algo similar antes. Usual, preparaba el almuerzo, pero hoy estaba fuera del lo regular. Durante este período de tiempo, mi hijo del medio estaba en la calle vendiendo drogas. Él tenía diecisiete años y nunca había estado fuera en el mundo antes. Él estaba conociendo gente allí y le gusto la libertad que él había encontrado. Nunca dejé a mis hijos pasar la noche en la casa de un amigo. Mi mayor había estado viviendo en Illinois desde que él tenía diecisiete años y tenía tres niños ya. Cuidaba mi primer nieto, que durante este fin de semana estaba con su madre. Mi hijo del medio venía a casa los fines de semana, a comer y después se iba. Este día particular yo había dormido hasta las 9 P.M. cuál no era usual para mí. Salte para arriba de mi sueño con un sentido de urgencia. Corrí abajo por las escaleras, tenía que decirle a mi hijo algo importante. Llegue a él y le dije, que él no podía hacer como los diablos en las calles. Oramos por él y Dios no iba a dejarlo hacer lo que le dé la gana. Él había aceptado el Señor en su vida y por lo tanto, Dios iba a pararlo de hacer mal. Él me miraba como si estuviera loca. Él me cepilló y se fue de la casa. Todo lo que mi mente pensaba era la escritura que dice, "Dios le da fuete a ésos que él ama." No sé si leí eso o lo oí, pero guardó el

35

sentido en mi mente. Fui arriba y comencé a vestirme. Mi marido me preguntó qué hacía, le dije que se vistiera que íbamos para algún sitio. Él no hizo caso de mí y se sentó en la cama y prendió la TV. Ni una hora más adelante oímos los golpes en la puerta. Era mi sobrino. Él estaba histérico. Una vez que sé calmo, él me dijo que él había visto una ambulancia llevar mi hijo al hospital. Miraba a mi marido que me miraba como si hubiera tenido cierta clase de penetración al futuro. Él se puso sus ropas enseguida y fuimos al hospital. Cuando llegamos allí, descubrí que habían golpeado a mi hijo en la cabeza con un tubo y un bate de metal varias veces. Al parecer, una ganga lo esperaba, y tres de ellos lo habían saltado y lo batieron hasta que ellos pensaron que él estaba muerto. El dueño de la tienda al cruzar la calle, vio batir mi hijo, y llamó la policía. Mi hijo fue pronunciado muerto.

Lo pusieron en un respirador y entraba a cirugía para parar la sangría en su cerebro. Esto no era para salvar su vida pero para limpiarlo. Los doctores lo habían dado por muerto.

Me dejaron sola por algunos minutos con mi hijo antes de que fueran llevarlo a cirugía. Él parecía pálido y estaba frío. Pregunté a Dios si él llamaba a mi hijo a su sueño o es el diablo que intentaba destruirlo. Dije a Dios, "yo te lo doy a ti solamente." Entonces, vino a mi memoria, lo qué esa voz en la iglesia me había dicho, "vamos a ver cómo haces cuando tome uno de los tuyos." Dije a Dios, "lucharé con uñas y diente contra el diablo y no ganara. No permitiré que el diablo destruya a mi hijo." Como la niebla de un aire fresco, una voz confortante llenó mi alma y me sentía caliente y en paz. La voz dijo, "si tienes <u>Fe</u> en mí <u>Como</u> una semilla de mostaza, <u>YO</u> levantare a su hijo el tercer día." Sabía lo que tenia que hacer. Había escuchado mi pastor hablar del poder de la fe y cómo Dios puede aumentar nuestra fe cuando le pedimos. Sabía que si no camino esta batalla con fe, no vivirá mi hijo. En ese instante vinieron a llevar mi hijo a cirugía. Yo sabía que mi Dios de mi corazón no lo dejaría morir mientras tuviera fe en él. Era alrededor tres de la mañana en que llevaron a mi hijo a cirugía.

Agotada, pedí a mi marido que me llevara a mi hogar. Por este tiempo mi familia entera sabía qué había sucedido y estaban allí en el cuarto de espera. Mi pastor vino y mitad de la congregación al hospital. Sabía que en orden para guardar mi fe, yo necesitaba permanecer lejos de la gente con menos fe. La única manera que podía hacer lo que tenía que hacer era evitar hablar con cada uno. Me disculpé por irme y me fui a casa a descansar. Dormí solamente por algunas horas, pero me sentía como si hubiera dormido por ocho horas. Me levanté a las siete y treinta de la mañana y fui al hospital. Llegué a las ocho y treinta de la mañana y apenas llegue allí, mi hijo salía de cirugía. El doctor que hizo la cirugía vino y explicó el procedimiento que había ocurrido. Él explicó que él había abierto el cráneo de mi hijo, paró la sangría, y puso un bolso de algo como jarabe en su cabeza para evitar que el cerebro cambie de puesto, y le puso grapadoras de metal para sostener el cráneo junto. El doctor hizo que firmara un papel antes de que él hubiera hecho la cirugía, pidiendo que si el corazón de mi hijo paraba durante la cirugía, que él no sería resucitado. Y si para las once de la mañana en el tercer día él no demostrara muestra actividad del cerebro, lo desconectarían del respirador y pronunciarlo muerto.

Mi hijo sobrevivió la cirugía y estaba en la unidad crítica. Permitieron que solamente los padres adentro lo vieran por solamente dos minutos. El doctor nos explicó cómo él iba a ver y cómo el cuarto estaba lleno de máquinas. Mi hijo tenía tres enfermeras en su cuarto las 24 horas. Una de las enfermeras era una hermana de mi iglesia. Ella pidió estar en su equipo de su cuidado. Él tenía una enfermera que oraba, al lado de él; esto estaba de Dios. Ahora sabía que Dios estaba en el medio de las cosas. Sintiéndome confidente que mi hijo estaba en buenas manos, me fui para mi casa. Mi familia estaba enojada porque no permanecía en el hospital al lado de mi hijo. No podían creer que dejaría a mi hijo en el hospital en tales condiciones críticas. Para ellos, él podía morir en cualquier minuto, a los doctores él era ya muerto, pero para mí el estaba bendecido. Para mí, él estaba vivo y en las manos de Dios. No necesité estar allí. Todo lo que estaría haciendo era esperar que lo pronunciara muerto y no iba a permitir cualquier cosa o cualquier persona disuadir mi fe a lo que me había dicho Dios. Me llamaron cada dos horas en el estado de mi hijo; por lo tanto; no necesité sentarme en el hospital y esperar. ¿Espera para qué? No fui de nuevo al hospital después de que mi hijo salio de cirugía. Mi marido iría y permanecería casi todo el día mientras que yo permanecía cocinando en casa y la limpieza como de costumbre. Dormí bien y sin preocuparme de ninguna manera de mi hijo. Esto no tuvo ningún sentido a cada uno en el hospital. Se sentían que, ésta era mi manera de tratar lo qué sucedía. ¡Poco sabían que mi confianza estaba totalmente en Dios! Ninguna duda. Tenía confianza total en el poder de Dios.

Tres días pasaron muy rápidamente. Agradecí a Dios por la velocidad. Si hubiera ido lentamente, no sé si podía haber durado. A las 11:15 de la mañana el tercer día, vino una llamada de la enfermera que atendía a mi iglesia; ella gritaba histérica. Las primeras palabras que pudieron salir de mi boca, oyéndola gritar y el saber de qué sucedía en aquel momento, serían "cuál es la mala noticia?" ¿Verdad? Fuera de mi boca vinieron las palabras, "Dame las buenas noticias." Esa Fe era tan fuerte en mí que ningunas palabras negativas podrían salir. Ella paró el gritar y me preguntó si alguien me había llamado y me dijo. ¿Le pregunté, dicho qué? Ella dijo, "los doctores, el abogado, el de la funeraria y la familia estaban aquí atestiguar a su hijo. Le sacaron el respirador y esperaron 15 minutos y nada, a los 20 minutos lo pronunciaron muerto. Estaban todos mirándolo, cuando de repente, él despertó y cogió la mano del doctor que sacaba hacia fuera el tubo de su boca. Él se despertó y pedía para su madre." No sé dónde el teléfono terminó a parar, pero yo estaba fuera de la puerta donde estaba mi hijo en el hospital. Todo lo que podía hacer era llorar de alegría. Dios había hecho lo que él había dicho que él iba a hacer. Él resucito a mi hijo de los muertos. ¡FE! Ahora lo sabía, no apenas en mi mente pero en mi alma. No sé como llegue al hospital, pero cuando caminé en el cuarto que mi hijo estaba, me vio y con su mano él me señalaba que deseaba que me acercara a su lado.

Mi hijo recupero totalmente, y los doctores fueron asombrados en su recuperación. Esto era un joven que había sido pronunciado muerto. No podían explicar cómo él sobrevivió. El trabajo de mi Dios no paró allí. Cuando Dios hace cualquier cosa, él lo hace hasta el final y por completo. No sé si éste es español correcto, pero usted sabe lo que significo. Mientras que se recuperaba, él saldría de alguna manera de su cama y vagaría en cuartos de otros pacientes orando y diciéndoles que despierten porque Dios lo despertó a él. Mi hijo creyó que Dios podía hacerlo para ellos también. Tuvieron que mandar a mi hijo a casa dos semanas después de su incidente. Él estaba débil y que no caminaba bien, pero él estaba vivo. Tan lejos como fui referido, Dios guardó su promesa de levantar a mi hijo de los muertos en el tercer día, si yo tuviera fe en él y Dios hiciera lo que él dijo que él haría. Él es cumplidor de sus promesas.

El lado derecho de mi hijo todavía estaba paralizado. Los doctores nos dijeron que él puede ser que nunca se recupere completo. Él tenía una cita dos semanas después de que lo dieron de alta para ver cómo él hacía. Fui con mi hijo a esta cita. Hicieron una exploración del CAT y un neurólogo lo comprobó. El neurólogo dijo que él tenía función completa del 100% de su cuerpo. Él no podía explicar cómo, solamente él dijo a mi hijo que Dios debe haber dado otra oportunidad en la vida y él no debe perderla. Mi hijo entonces tuvo que ver al cirujano que hizo la operación en su cabeza. Él necesitó los cuadros de la exploración del CAT (radiografía) antes de que él viera a mi hijo. Fuimos a su oficina y el cirujano vino. Él miraba a mi hijo y preguntó si él era el hermano. Mi hijo le preguntó porqué. El cirujano nos dijo que los cuadros de la exploración del CAT no fueran el suyo y él envió a mi hijo para conseguir otra exploración del CAT hecha y esta vez él fue abajo con él. La exploración del CAT no demostró el bolso de la jalea que él había puesto en la cabeza de mi hijo, y no había abgrapadoras de metal, que él había puesto adentro para mantener su cráneo junto. El doctor no encontró una línea fractura de pelo del cráneo que demostraría que él había tenido una operación. Era como si mi hijo nunca hubiera estado en el hospital en todo. Él no podía explicar lo que él miraba. Él salió del cuarto y llevó a cabo la mano de mi hijo. Él dijo, "o usted no es el mismo joven que hice cirugía, o hay un Dios." El neurólogo le dijo la misma cosa. Él le dio una cuenta de la salud limpia. La única evidencia que él había tenido cirugía era la cicatriz en su cabeza, y su pelo había crecido tan rápido que incluso fue cubierto.

A través de todo que había sucedido, seguía siendo tranquila. No me había golpeado lo qué Dios había hecho. Caminábamos del hospital y hacia la porción del estacionamiento al coche. Había nevado el día antes, cerca de once pulgadas de nieve. Caminaba delante de mi hijo, intentaba apresurarme para calentar el carro. Mientras que caminaba en la nieve, una voz me dijo, "da vuelta y vea la gloria de Dios." Di vuelta y vi a mi hijo caminar hacia mí. Miraba como él caminaba, era como si caminaba en el aire. Su aspecto parecía diferente, como si él fuera echo nuevo. Eso fue cuando me golpeó. Mi hijo, que estaba muerto, estaba no sólo vivo, pero también caminaba y en su propia mente. Me caí a mis rodillas en la nieve: mi cuerpo entero se sacudía ver la grandeza de Dios. No me podía parar al ver el poder de Dios todo alrededor de mi hijo. Sabía que solamente Dios podía hacer lo que veían mis ojos.

Usted No Conoce Al Dios Que Yo Sirvo

Me levanté una mañana y decidí ir al colegio al cruzar de la calle del apartamento. Fui a la oficina de administración y pedí la información sobre cómo ser una estudiante. Completé la aplicación y me dijeron que tenía que hacer una cita con uno de los oficiales de admisiones. A mi sorpresa, el oficial de admisiones asignado a mí era alguien que había conocido cuándo hacía mi GED en Ibero AL. Él era Puerto Roqueño, y eso me dio una sensación positiva. Él entendería mi inhabilidad de deletrear y el hecho de que no tenía ninguna idea qué se hacía en colegio. Estaba allí temprano para mi cita. Siempre me gusto hacer una buena impresión. Él me saludó con una sonrisa y le dije en español que era mi placer y el me contestó en inglés. Eso me sorprendió porque él habló en español cuando lo había visto antes. Lo cepillé pues quizás él había perdido su capacidad de hablar español, pensé yo.

El miraba mi aplicación y me preguntó si había ido a alguna otra escuela para del entrenamiento o un tipo de vocacional de escuela. Le dije que lo único que tenía era mi GED. ¡Él lanzó mi aplicación en su escritorio y dijo en un tono muy áspero, "usted no puede atender al colegio! Usted no tiene ninguna educación anterior." Él me dijo ir a las clases básicas de la educación para adultos. Necesité tomar clases de preparación antes de que pudiera ser considerada para el colegio. Él me dijo que volviera a verlo cuando había tomado las clases. Salí de su oficina con un nudo en mi garganta. Me sentía como si él me hubiera insultado al punto de golpear mi misma existencia. No podía caminar a casa. No deseé analizar en el medio de la calle. Con mi puerta cerrada detrás de mí, me caí al piso en tal dolor que pensé que moriría. Gritaba tan fuerte que mi corazón sentía como si se rompiera literalmente. Fuera de toda mi agonía, una voz suave me dijo, "levántese." Era suave, pero sabía que era una orden. Sabía que Dios me hablaba directamente. Mi griterío parado, y yo estaba parada y escuchaba. La voz me dijo, ir de nuevo a ese hombre y dile que él no sabe lo que tú no puedes hacer o el poder de la persona en el colegio. La voz dijo, "dígale que te de un examen primero antes de que él haga un llamado de juicio." La voz me reveló que este hombre no conocía al Dios que yo sirvo. Comencé a gritar con alegría. Mi Dios haría una manera cuando no hay ninguna.

Lo conocía en el poder de levantar los muertos, ahora yo iba a conocerlo en el poder de mover las montañas. Me lavé la cara y me a regle. No iba dejar a esta persona verme desanimada. Caminé de nuevo al colegio con energía en mi alma. Dios me dijo que, "yo podía hacer todas las cosas a través de Cristo que me fortalecerá." Creo lo que El me dijo y caminé hasta la recepcionista y le pregunté que si podía ver al Sr. O. y que era urgente. Ella llamó su oficina y le dijo que necesitaba verlo urgente y él le dijo, envíamela. Caminé en su oficina, y antes de que él pudiera decir una palabra, lo corté y le dije que él no me conocía y apenas porque no tenía ninguna educación anterior no significa que no tenía ningún conocimiento. Pedí que él me diera una prueba primero antes de que él juzgara mi capacidad de hacer el colegio. Él parecía desconcertado. A él nunca una persona se le altero como yo. Estaba lista para cualquier cosa que él iba a decir. Entonces él llamó la recepcionista a su oficina y dijo que me diera cita para tomar el examen de entrada. Di vuelta y caminé detrás de ella sin decir una palabra a él. Nunca me había sentido tan confidente en mí como me sentía ese día. No podía creer que hablaba con él con tan poder.

Dios Usa El Simple Para Confundir Al Sabio

El día de la prueba vino rápidamente. Había orado y preguntándole a Dios que me ayudara, si era su voluntad para que vaya al colegio, que me de sabiduría para ir. Nunca había tomado una prueba como esta antes, excepción de mi GED y aquél casi me había matado si no era por la maestra que me dijo que estudiara para sobrepasar. La señora que daba las pruebas me dijo que tenía que tomar cinco diversas secciones, y que tenía una hora. Tomé el primer examen y me senté. No podía entender una palabra en esta prueba. Comencé a alterarme, pero esta voz vino y me dijo, "No tengas miedo, porque no te dejaré y no te abandonaré." Me convertí y me relajé que no me sentía como si tomara una prueba. A mi sorpresa, sabía lo que hacía, y antes de que lo supiera, había hecho las cinco secciones en 45 minutos. ¿Puede usted creer esto? Era así que me concentrado en lo que tuve que hacer que incluso no noté el tiempo. Descubrí más adelante que tenía una hora para cada prueba. Las cosas que uno hace cuando no sabemos. Cuando le di la última sección, la señora me dijo que había terminado. La mire con sorpresa de oír que había terminado. No estaba enterada que volé a través de estas cinco pruebas. Esperé para recibir las notas que saque en las cinco secciones. Fue hecho rápidamente. Antes de que lo supiera, ella me dio mis cuentas y me felicitó en un trabajo bien hecho. Cuando los miraba, se parecía como si fueran todos bajos; 49, 55, 48, 52, 52. Pedí que ella me los explicara. Ella me dijo que las cuentas más altas para cada prueba fueran 55 puntos, y yo casi había hecho todas las cuentas más altas. Ella precisó que había pasado las cinco secciones (déjeme escribirlo grande) SOBRE ALTO. Usted no podía decirme que no había un Dios. Él acaba de ayudarme más allá de la prueba, él hizo que me sobrepase. Éste es el Dios que yo sirvo. Tomé mis cuentas de las pruebas y fui directamente a la oficina del Sr. O y le lance sobre su escritorio mis notas. Le dije, "léalos y después dígame si puedo o no puedo hacer Colegio." Sus ojos se abrieron tan de par en par que pensé que él los perdería. Él dijo, "con estas cuentas, usted puede tomar todas las clases regulares." Él firmó mis papeles de la admisión, y estaba lista y corriendo. Nada podía pararse en frente de mí. ¿Verdad

Sabiduría Y Poder En Las Manos De Dios

Fui a colocarme para las clases, pero necesitaba una consejera para aconsejarme de las clases que debía tomar. Me designaron una consejera, que por casualidad, era una mujer cristiana. Ella era tan agradable y que animaba; El Dios lleva a cabo el presente y el futuro. Él sabe cuál está a continuación e instala por consiguiente. ¿Cuál habría sido las ocasiones no sólo de anotar sobre promedio, pero también del tener una consejera Salva? ¡Usted me dice! Ella me instaló con veinticuatro créditos (de 6 clases) mi primer semestre. Le pregunté que me dejé tomar esa cantidad yo sabía que podía hacerlos todos con la ayuda de Dios. Ella confiaba en mis deseos y oró con migo sobre las clases. Esto fue cuándo _Las siete llaves al éxito_ entraron en acción.

Dios me bendijo con una ocasión de presentar estas llaves en un taller para los miembros de la iglesia y invitados huéspedes. Una cinta de ese taller fue hecha y está disponible. Esta cinta es bendecida y induce poder. Para que la palabra de Dios a convertirse en una parte de su carácter, usted no tiene que pasar por la prueba para que sea escrita en la tableta de su corazón, donde cosecharás frutas. Es mi creencia que cuando usted ha ido a través de las pruebas y ha aprendido cómo pasar las pruebas con éxito, eso usted debe compartirlo con otros, de modo que puedan aprender ir a través con la victoria. Entonces, en vuelta, la comparten con otras de modo que otros aprendan también. Es el evangelio de Jesús Cristo lo que compartes. Qué él ha hecho para nosotros y puede hacer para cada uno que lo invita a sus vidas.

Primero sepa, qué es lo que quisiera que sucediera en su vida y vea si cabe en el plan de Dios para su vida. Cualquier cosa que tiene crecimiento positivo paa su vida, está en el plan de Dios. En 3 Juan 1:2, indica la esperanza de Dios para nosotros. "Para prosperar y estar en buena salud como nuestro espíritu prospera." No hay nada que podía decir para clarificar esa declaración. Usted debe desear lo que desea Dios en orden de ser bendecido más allá de cualquier cosa que usted puede imaginarse para usted mismo. Empieza con el final en mente. Dios te ayudara a obtener su meta. El Señor me bendijo con dos Maestrías y el Doctorado. Dígame si Dios no es verdadero?

El Profesor Principal Me Enseña Cómo Estudiar Inteligente No Duro

Usted sabe cuándo Dios está intentando a bendecirle, cuando el diablo le lucha furiosamente. Comencé mi primer semestre en el colegio. No puedo creer que yo dije eso! Mi sueño más grande ha venido a realidad. Me fijé para tener éxito en todas mis clases. Tenía todos mis libros y programas de clase, pero, no tenía ninguna idea donde comenzar. Me sentía abrumada. Me puse de rodillas y pedí que Dios me ayudara. Descubrí que las lágrimas no mueven a Dios. Usted lo mueve recordándole sus promesas y dejando lo saber que usted las sabe y está dispuesta a estar parada en ellas. Aquí es donde vino mi escritura favorita adentro otra vez. "Puedo hacer todas las cosas a través de Cristo que me fortalece (Phil 4:13)." No había tomado ningún curso de preparación para el colegio y no tenía ninguna instrucción en planear la línea de conducta. No sabía dónde comenzar. Ya me sentía cansada e incluso no había comenzado la escuela. La noche antes de que las clases fueran a comenzar, realmente me sentía abrumada. Estaba tan agotada de intentar calcular donde comenzar que me quede dormía. A las tres de la mañana desperté con la sensación segura qué hacer. El Señor había puesto en mi corazón para abrir su palabra y leerla. Casi dije "que no" porque tuve que ponerme lista para comenzar la escuela, y necesitaba horas para estar lista. Pero, el espíritu santo dijo confía en el Señor. Pensé, El me he traído atreves de situaciones peores, así que confiaré en El para esto. Leí hasta las seis de la mañana y después me levanté y me fui a la cama a dormí hasta las nueve de la mañana. Mi primera clase no comenzaba hasta las once de la mañana. De a repentino, sabía qué hacer. Puse todos mis programas en orden y escribí qué capítulos tuvieron que ser leídos, y tenía mis cuadernos en orden. Comencé a leer un capítulo en todos mis libros y era como si no fuera yo. El Señor me enseñaba *Cómo Estudiar Inteligente, Pero No Duro*. Éste se convirtió en mi taller de mi firma. Doy los talleres para los estudiantes de todas las edades. El Señor me enseñó cómo hacer las cosas para éxito en todas las clases. Leyendo su palabra temprano en la mañana y des pues dormir y entonces estudiar. Cuando pasé ésos tres días que buscaban en su palabra para las escrituras que pertenecían a las mujeres, aprendí a estudiar, hacer la investigación, y enfocarme. Sabía buscar los detalles (gracias a mi tía que me enseñó a cocinar mirándola). Los detalles cuáles eran los mas importante saber.

El espíritu santo me dijo coger todos los títulos y los cambiara a preguntas y después leer para encontrar las respuestas. Esto puede ser algo que enseñan en colegio, no sé, sino que no tenía ninguna preparación para estudiar para el colegio.

Me había mudado a un apartamento al cruzar de la calle del colegio, de modo que pudiera ir a casa entre las clases. No deseé cualquier cosa interferir con mi educación. En la mañana a las diez y cuarenta y cinco, terminaba con todos mis estudios. Me sentía autorizada y segura de lo que había leído y para la escuela me iba. Cada uno de mis sujetos de las clases se me asía como un libro abierto. En una de mis clases comencé literalmente a reír. No podía creer el amor maravilloso y el cuidado de Dios para mí. Cada clase entendía el tema. Hale luya, es todo lo que puedo decir.

El Espíritu Santo me dijo que cada párrafo contenía una sola idea y el autor tenía que dar la definición de la idea. Por ejemplo, La memoria corta / Convertir en una pregunta = Que es memoria corta ¿La contesta/definición - Memoria que solo dura 20 segundos. Yo hacía esto con todos los párrafos y escribía las preguntas y sus contestas. Antes de tomar un examen estudiaba mis notas. Siempre sacaba 100 en todos mis exámenes. Esto es increíble!

Aquí están las Siete *Llaves Al Éxito*

Llave # 1.   *Quitarse a uno mismo* – Esa vos interior que habla Negativo.

Llave # 2.   *Saber El Poder más alto* Ese solamente es Dios y solo Él Puede hacer todas Las GRANDES cosas en su vida, y usted lo sabe, y usted le da toda la gloria.

Llave # 3.   *El Estar Dispuesto* hacer lo que sea para obtener ÉXITO con Dios delante.

Llave # 4.   *VISUALÍCESE* Cómo o donde usted desea estar. Empieza con el final en mente.

Llave # 5.   *DETERMÍNESE a* Tener éxito en todo lo que usted hace. Hágalo como si usted lo esté haciendo para la gloria del Señor. Estudie para sobrepasar, no solo para pasar.

Llave # 6.   *PERSISTENCIA* No dejar nada pararte de obtener su éxito. Ninguna enfermedad, ningunos problemas de familia o financieros, ningunos problemas personales, y sobre todo, ni usted mismo/misma.

Llave # 7. SEA *COMPROMETIDO (A)* Ésta es la llave más fuerte de obtener. Usted debe ser confiado para servir al Señor. Esta llave sella todas las otras llaves. Esta llave le hace la demostración que el Dios es en su vida a propósito usted vive y reacciona a las malas cosas/a la gente, no como el mundo lo hace, usted demuestra el amor de Dios en usted y en su vida.

Nada Es Muy Pequeño Para Dios

Había trabajado solamente ocho meses en mi nueva posición, así que no tenía ninguna remuneración del trabajo. Sufrí un ataque del corazón y *no podía trabajar y no tenía ningún ahorro. No podía pagar mi apartamento o mi 38 mil dólares RAV4 carro, que el banco recobró. Todo lo que guardé era mi cama y una cómoda de ropa que mi hermana me dio con las secuencias unidas. No podía darlo o botarlo; Tenía que darlo de nuevo a ella. Como les dije, estoy haciendo corto una historia larga. Tenía mi nieto mejor, que amó, se quedaba con migo. Nos levantamos por la mañana, y él deseó ir a comer a McDonald's. No tenía ninguna clase de dinero, no uniforme para un pedazo de goma. Aquí estaba, entre una roca y un lugar duro, y m nieto quería McDonald's. Entré en mi modo de rezar. Sé que mi Dios puede hacer cualquier cosa. Tenía diez dólares en el banco, y si lo sacaba, mi cuenta sería cerrada. Nos íbamos a caminar al banco para conseguir los diez dólares y para ir a McDonald's. Mientras que caminábamos en el vestíbulo, el cartero me paró y me dio un sobre. Parecía un cheque del gobierno adentro. Regrese al apartamento y adentro lo abrí. Era una comprobación del Seguro Social de ocho mil dólares. Llamé a mi pastor, porque no sabía de dónde había venido. Él me preguntó si el nombre era correcto y la dirección. Dije "sí." Él dijo, "entonces es suyo."*

Se me había olvido de que ocho años atrás me dio una infección en mis piernas contemporáneamente y tuve que dejar mi trabajo por un año. Yo había aplicado para el seguro social y me negaron porque tenía mucha educación. De que vale la educación si puedes usarla. Parece que re buscaron mi situación y me aprobaron por el año que no pude trabajar. Usted sabe que era Dios. Él está a tiempo siempre. Puede no ser en su tiempo, pero a tiempo sin embargo. Miraba a mi nieto, que no tenía ninguna idea qué se encendía. Le dije a mi bebé que ambos fuéramos a comer en nuestro restaurante favorito Red Lobster. Mi Dios, mi Dios que grande eres.

La Cura Del Pasado

Comenzaron a darme pequeños derrames cerebrales. Mi hijo mayor tuvo que venir a buscarme de Illinois. Un mes más adelante, sufrí un derrame cerebral grande y estaba en apuro gritico. Una trabajadora social le dijo a mi hijo a conseguir un lugar para mí, y esa manera podían darme ayuda. Mi hijo me ayudó conseguí un apartamento y me dieron todas clases de ayuda. La tensión del derrame cerebral hizo que mis ojos estallaran en la parte posterior y me hizo siega total. Gente vinieron a darme terapia y enseñarme cómo utilizar mi lado izquierdo, puesto que mi lado derecho estaba muerto. Una noche oré tan fervorosamente como podía. No podía entender porqué Dios no me curaba. Tenía mucha gente que rogaban por mí, pero nada sucedió. Tres años y yo estaba igual. Me dijeron que no caminaría, ni vería otra vez. Esta gente no conocían al Dios que yo sirvo. Lo vi levantar al mismo hijo de los muertos dos veces. ¿De quién informe usted va a creer? Después de tres años en una cama de aflicción, me golpeó, toda la lectura que leí como caminar con mi Dios, yo me alimente de esa lectura por tres años. ¿Usted oye lo que estoy diciendo? Así pues, busqué la palabra de Dios en mi alma. Recordé gente que fueron curados y así ice en mi mente cómo ellos. Cuando jeque a la mujer con el flujo de sangre, oí al Señor decir, "tócame de la manera que ella hizo y te sanarás entera." Ahora, busqué en la diferencia de su acto de los otros que lo tocaban. Lo calculé y lo hice. La cosa siguiente que sucedió, estaba en mi cuarto de baño cepillando mis dientes. Mi hijo vino a darme mi lata de Ensure temprano, antes de irse a trabajar y se ha dado una sorpresa que él se cayó en el piso. Tuve que salir del baño y ayudarlo sentarse en mi cama vacía. ¿Cómo usted le dice a alguien que usted toco a Dios y fuiste sanada? No recorrí toda mi vista, sino que podía caminar alrededor muy bien. El centro de los ciegos vino a entrenarme para hacer cosas yo misma. El Señor me reveló porque tuve que pasar por lo que pasé. Me había convertido arrogante (yo misma me glorifiqué) y él tuvo que traerme a reconocerlo. "No tenga ningún otro dios delante de mi." Yo estaba en el pico de mi vida antes de perder todo, hasta mi salud. Usted no tiene que decirme ahora de hacer tiempo para Dios, sé mejor.

El Milagro Y El Poder Curativo De Dios

Seis años después que ese acontecimiento, me pico una araña marrón Reclusa en el lado derecho de mi espalda. Esto es una araña mortal y yo estaba muí mal. Comenzó parecer un círculo pequeño con un punto blanco en el centro. Pedí a mi marido que mirara a ver que estaba en mi espalda, y él me dijo que tenía una espinilla. Lastimó, pero no demasiado gravemente. En tres días fue del tamaño de una peseta (25 centavos) al tamaño de un plato de cenar, y no podía estar parada, el dolor era muí fuerte. Fui a mi doctor y él dijo que tenía ripias y me dio medicación para el dolor y me mando a mi casa. Dos semanas pasaron y una mañana me desperté con un lomo tres pulgadas de alto en mi espalda. Fui al cuarto de emergencia y fui admitida al hospital hasta que finalice una biopsia del lomo. Los resultados volvieron que era una mordedura de la araña Marón Reclusa, pero no se encontró nada en el lomo. Me enviaron a casa otra vez con la medicación del dolor. La madre de la iglesia vino a verme. Ella sugirió que tomara un baño de agua caliente y sal de Epson. ¿Yo estaba en tanto dolor, que tenía que perder? Tan pronto como mi espalda entro en el agua, sentí alivio. Pedí a mi marido que me ayudara secar mi espalda, y él gritó, "materia está saliendo del agujero de la biopsia." De nuevo a emergencias fuimos. Esta vez pedí ver el perro grande (doctor supervisor). Estaba cansada de ser enviada a casa. Él se trastorno en ser convocado a venir a ver una mordida de araña. Yo sí que estaba asustada y enojada a la misma vez. Grité, "venga y mire esta mordedura de araña y después me diga porqué pedí verlo." Cuando él separó las toallas (plurales), él saltó atrás preguntando qué era eso en mi espalda. Dije, "que era mi mordida de la araña." Me acometieron en cirugía. Las bacterias habían comido un roto en mi espalda que el cirujano dijo que él podía caber ambos puños en ella. A casa me enviaron una semana más adelante con las enfermeras que venían a empaquetar y desempaquetar el roto tres veces al día. Esto casi se encendió por un año y veinte diversos antibióticos. Con ninguna curación en vista, trajeron un cirujano adentro en mi caso. Ella sugirió quitar toda el área infectada y pelar bosquejo de la piel y colocarlo sobre el área. Ella me introdujo a su equipo quirúrgico, y una fecha fue fijada. Fui al hospital para pre-Operación el día antes. Me pusieron en un cuarto para que la cirujana marque mi espalda para la cirugía por la mañana. Ella había explicado cómo ella tendría que quitar tres y media pulgada sobre el área infectada. Las dos enfermeras que estarían trabajando con la cirujana quitaron mis vendajes y los cuatro pies y medio de gasa que mi enfermera había colocado en el roto por la mañana. Ni dos minutos después, la cirujana entro adentro del cuarto a ser las medidas y marcar mi espalda. ¿Ahora, recuerden las dos enfermeras que habían quitado mis vendajes, estaban pendientes a ver lo que iba a suceder en la sala de operación por la mañana?

Estaban paradas delante de mí, esperando la cirujana para marcarme. Todo de repente, sentí dolor lo qué ella hacía. Ella paró y caminó delante de mí y tomó mis manos en los suyos. Me preguntaba qué pasaba. Ella tenía lágrimas formándose en sus ojos. Ella dijo, "oré que usted no tuviera que tener esta cirugía. Con su diabetes, usted no curaría y usted sería deformada." El resultado no era bueno. Pues ella exprimió mis manos, ella pronunció, "usted no necesita la cirugía. El roto se desapareció. Se curó." ¡Mi Dios, Mi Dios! Las dos enfermeras parecían confusas. Ambas tuvieron que ver sobre lo que hablaba la cirujana. Los vendajes' estaban sobre la cama al lado de mí. Sabían que había un roto allí hace un segundo. Tocaron el punto donde estaba y encontraron nada allí. Nada, solo Dios había podido hacer este milagro. Si esas enfermeras eran incrédulas, ahora se hicieron creyentes, y si la cirujana no creía en oraciones, yo se que ella ahora lo cree. Mi marido estaba en diálisis y venía después al hospital. Lo llamé y le dije que viniera a buscarme. Cuando vino en el carro, él tenía una mirada de, que paso? en su cara. No podía sostener la alegría y le dije lo que Dios había hecho. Usted nunca ha visto una persona tan feliz y agradecido a Dios por curarme. El sufría verme en tanto dolor y no poder hacer nada por mí. Después, si le decía que me dolía la cabeza, me ponía la mano en la cabeza y se ponía a orar por mi yo le hacía lo mismo para él. Encontramos la llave que abre el amor de Dios para los suyos y oye su oración. Esa llave es FE.

La Buena Lucha De Mi Fe (cáncer del Ceno)

Nos mudamos de la casa con las arañas a un apartamento en una ciudad pequeña, tres minutos de donde iba mi esposo para diálisis. No necesité a las enfermeras, todo estaba bien. Mi esposo y yo predicábamos en esta iglesia y comencé un ministerio de cinta para los miembros que no podían asistir a la iglesia; podían conseguir el servicio en la cinta que había trabado y hecho copia del sermón. Una donación pequeña fue recogida para comprar las cintas en blanco. Mis sermones tenían mis testimonios en ellas. Dios había hecho tanto en mi vida que me dio muchos sermones para hablar. Sabía que Evangelismo era mi llamado. Cuando usted cree en algo y usted sabe que es verdad y verdadero, usted quisiera que cada uno lo tuviera. Ése es el estado de la razón, *"Mi vida es un testimonio vivido."* NO HABRÍA ELEGIDO obtener todas estas experiencias, de modo que pudiera predicar sobre ellas, como he dicho, "la vida del elegido no sea una vida de la ocasión, sino una vida de la precisión." El Oh, éste no es el extremo. Hay más. Dos años después de mi curativo de la mordedura de la araña, Salí con cáncer del seno izquierdo.

Tomaba una ducha y me afeitaba debajo de mis brazos, cuando mi mano frotó una bola pequeña en mi pecho izquierdo. No segura si avía sentido algo allí, le pedi a mi marido que lo sintiera. Él sentía la bola pequeña debajo de mi piel en mi seno. Aquí vamos otra vez. No le pegué ninguna mente. Mi pecho era grande y tenía terrones por todas partes en ambas. En dos semanas el terrón había crecido del tamaño de una media bola. Ahora estaba preocupada. Fui a ver mi OB/GYN (obstetricia y Ginecología), que me refirió al centro del pecho para una mamografía (radiografía). Hicieron una biopsia en el terrón que ahora era el tamaño de una naranja. Hice esto el lunes y miércoles a las siete de la tarde, la llamada vino. Coloqué el teléfono del altavoz así que mi marido y hermana podían oír los resultados. Mi pecho derecho estaba muy bien dijo el doctor, pero mi izquierda tenía dos clases de cáncer. El doctor me refirió a un cirujano, que me refirió a un cirujano plástico que trabajó con ella para hacer la reconstrucción usando la cordura del estomago. Iba a tener un cuerpo renovado. Lo qué el diablo significó para mi mal, Dios le dio vuelta en una bendición. El día de la cirugía vino y yo estaba más ansiosa de ver el nuevo cuerpo, que no pensé en el dolor después. Recuerde, mi bracear era del tamaño de cuarenta D. Cuando el cirujano plástico vino a verme para la cirugía, le dije que deseaba los pechos pequeños y más firmes. Él se rió, y fui debajo de la anestesia. La cosa siguiente que recuerdo fue despertar en ICU (unidad de cuidado intensivo). Mi primer instinto era esperar el dolor.

Pedí que Dios me guarde de demasiado dolor. No podía ocuparme de dolor. Me movieron el día siguiente a un cuarto regular. Todo de repente, sentía este impulso de levantarme y de caminar. Llamé la enfermera y le dije "mi deseo es salir de la cama." Ella dijo "que necesitaría alguna medicación del dolor primero," pero, le dije que "no." Ella volvió con tres otras enfermeras y un andador. Podía oír a mi Señor decir no temas el dolor. Las cuatro me levantaron para arriba y me pusieron en mis pies y todavía estoy esperando el dolor. Me aguante firme del andador, y a andar me fui. Caminé el vestíbulo entero y de nuevo a mi cuarto, aún ningún dolor. A casa me enviaron cinco días más adelante. Ningún dolor. Tres semanas más adelante, ningún dolor. Era demasiado increíble el no sentir dolor. Me sentía tan bien que no podía creerlo. Miraba debajo de mis vendajes para ver si podía ver mis pechos nuevos. Estaba excitada para mi nuevo cuerpo. Dos semanas después me quitaron los vendajes. Me encantaron los senos nuevos. El cirujano plástico izo un trabajo fantástico, pequeñas y paraditas.

Dios Me acuerda Lo Que Va A Venir (un cuerpo Angélico Nuevo)

La alegría de mi nuevo cuerpo fue de breve duración. Mi hijo del medio me dijo un día, "mami si yo tuviera que ocuparme de todas las cosas que usted tiene, y todavía está tratando, yo me mataría." Compartí con él mi escritura preferida, "muchas son las aflicciones del honrado pero Dios lo entrega de todas." los salmos 34:19. Expliqué cómo Dios nos da su fuerza para aguantar las cosas de este mundo. Mientras que estamos vivos en este mundo sufriremos muchas cosas, pero agradecemos a Dios por darnos una armadura al desgaste para poder ESTAR PARADOS contra las batallas del diablo.

Pues, tres semanas después de que salieron los vendajes, mis heridas se abrieron. El que está en mi estómago se sentía como un zíper roto abriéndose. Ambas heridas en mis pechos se abrieron. Tuve que tener toda la piel muerta quitada de todas mis heridas. ¿Qué sucedió? No sentía ningún dolor pero las heridas se veían feas. Ahora tenía enfermeras venir tres veces al día a desempaquetarme con gasa medicinal y de desempaquetarme. Aquí vamos otra vez, como la mordedura de la araña. Señor, ten misericordia de mí, era mi oración constante. ¿Qué había hecho para hacer que esto me sucediera? No haga esta pregunta, si usted no desea la respuesta.

Una mañana tomaba una ducha. Me había quitado los vendajes para lavar las heridas con el jabón anti-bacteria, como las enfermeras me dijeron hacer. La mitad de la pared que hacía frente a la ducha era un espejo. No había mirado mis heridas después que me las limpiaron sacando la carne muerta. Tomé mi ducha antes de que la enfermera viniera a poner los vendajes nuevos. Esta vez miraba al espejo y fui horrorizada en lo que vi. El roto en mi estómago era el peor. Era 18 pulgadas amplias y 3 pulgadas largas, 6 pulgadas de profundo. Hice que mi hermana las midiera. Comencé a alterarme y a gritar, Dios mío, "cómo estos rotos en mi cuerpo van a cerrarse?" Sabía que no había manera para que se cierren normalmente. Los boquetes eran demasiado anchos y profundos. Que ligero se nos olvida lo que Dios había hecho, cuando la situación es distinta. Entonces, oí una voz pequeña inmóvil dijo, "porque se preocupa sobre la mirada de su cuerpo, cuando no puede entrar en el reino de Dios (I Cor 15:50 - 53). Te daré un nuevo cuerpo, uno que nunca se enferme, sin cáncer, o diabetes." Me sentía como si alguien hubiera dado una palmada a la parte posterior de mi cabeza." Salí de ese cuarto de baño con una nueva perspectiva en mi vida. Mi meta ahora era entrar al reino de Dios y conseguir ese nuevo cuerpo. La biblia nos dice que, "ninguna carne o sangre entrara en el cielo." "Sí," debemos tomar el cuidado del cuerpo, que debe ser el templo de Dios. Pero nunca amarlo más que a Dios.

Las heridas se han cerrado encima, casi al punto de cicatrices pequeñas. Agradezco a Dios por todas las oportunidades que él me da para aprender la verdad de su voluntad para mí. Estas lecciones son extremas, pero la lección es llanura profunda aprendida en mi corazón y mente. Regocije en mi curativo, y elogio a Dios por amarme tanto que él envió a su único hijo (Juan 3:16) para pagar el precio de mi salvación y darme vida eterna.

Ahora, comparto mis lecciones que aprendí a través de las pruebas, con ustedes. Porque, yo sé de primera mano las dificultades que muchos van a enfrentar en sus vidas, y yo les puedo decir como mi Dios me saco de ellas. Tengo muchas historias sobre las dificultades que estuve que enfrentar en mi vida, pero el libro hubiera sido demasiado de grande para cargar. Escogí las que yo sentía que edificaban a Dios más. Yo estoy orando que cuando leas este libro, encuentres que tus dificultades aunque sean más pequeñas o mas grandes comparada a las mías, que puedes sobre pasarlas con la ayuda de Dios y obtener éxito en todo lo que tu corazón desee en la voluntad de Dios. Dale Tu Vida No-Escogida y deja que El te guie. Encontraras que su vida con Jesucristo en ella es la mejor vida que has vivido o vivirás. Yo lo sé, porque he vivido la vida que El Escogió para mí. Alabado sea el nombre de Dios siempre.

Printed in the United States
By Bookmasters